AF734072

Abriss

des

Russischen Staatsrechts

von

Max von Oettingen.

Berlin.
Verlag von Georg Reimer.
1899.

Vorwort.

Zu den zahlreichen Beziehungen, welche uns mit dem russischen Grenznachbar verbinden und zu der Bedeutung Russlands auf dem Gebiete der Weltpolitik steht die in Deutschland vorhandene Kenntniss desselben in umgekehrtem Verhältniss. Voreingenommenheit — sei es blinde Schwärmerei fur russische Zustände, sei es Verurtheilung alles Russischen — ist die Folge solcher Thatsache; ein richtiges Urtheil bildet die Ausnahme; den Nachtheil tragen wir allein. Diese auf langjähriger Beobachtung beruhende Wahrnehmung hat mich dazu veranlasst, den vorliegenden „Abriss" herauszugeben, welcher dem erwähnten Mangel, soweit es sich um das russische Staatsrecht handelt. abzuhelfen bestimmt ist. Schon der Titel lässt erkennen, dass das Büchlein nicht den Anspruch erhebt, eine umfassende Darstellung der russischen, sehr vielgestaltigen staatlichen Einrichtungen zu geben, sondern sich auf das beschränkt, was unumgänglich ist, um den juristischen Laien mit dem Staatsbau Russlands bekannt zu machen. Mehr zu bieten erschien überflüssig und unthunlich, zumal unsere juristische Literatur in dem „Staatsrecht des Russischen Reiches" von Professor Dr. J. Engelmann (Handbuch des öffentlichen Rechts von Marquardsen, Bd. IV, 2. 1889.) ein Werk besitzt, welches den weitergehenden Bedürfnissen des Fachmannes Rechnung trägt, darum aber, was hier erstrebt wird, zu erfüllen weniger geeignet erscheint. Wenn es mir auch nicht überall gelungen ist, den sehr spröden Stoff so zu bewältigen und einzuengen, wie es zu wünschen wäre, so hoffe ich doch, es werde die Arbeit in den Kreisen, für welche sie bestimmt ist, willkommen geheissen werden.

Berlin.

Der Verfasser.

Inhaltsverzeichniss.

Erster Abschnitt.

Zweiter Abschnitt.

Dritter Abschnitt.

Vierter Abschnitt.

Fünfter Abschnitt.

Erster Abschnitt.

Die russische Staatsform.

§ 1. Zur Beantwortung der Frage über die Art der Staatsform eines konkreten Staates ist es erforderlich, festzustellen: 1. Wer ist in demselben Träger der souveränen Gewalt? und 2. ist dem Volke eine mittelbare oder unmittelbare Betheiligung an der staatlichen Gesetzgebung eingeräumt, mit anderen Worten, ist die Regierungsgewalt eine absolute oder beschränkte? Bei Anwendung dieser Gesichtspunkte auf das russische Reich stellt sich dasselbe als eine absolut regierte, erbliche Monarchie dar. Die absolute Monarchie wird zur Despotie, sobald der unumschränkte, in seiner Person die gesammte Staatsgewalt vereinigende Herrscher seine Laune und Willkür walten lässt, sobald der Satz „regis voluntas suprema lex esto" zur praktischen Anwendung gelangt. Beschränkt sich hingegen der Herrscher durch Achtung der von ihm selbst erlassenen Gesetze, erkennt er den Satz an: „que la loy est la volonté du Roy et non pas que la volonté du Roy est loy," und ordnet seine Wünsche dem früher in Form von Gesetzen kundgegebenen Willen unter, dann wandelt sich das barbarische Gemeinwesen zwar nicht in einen unseren modernen Kulturbegriffen entsprechenden Repräsentativstaat, aber doch unbeschadet der absoluten Regierungsform in einen Rechtsstaat. Auch Staaten mit beschränkter Regierungsgewalt wie die konstitutionelle Monarchie, ja selbst die Republik werden zu Despotien, sobald in ihnen die Achtung vor dem Gesetze erstirbt und die mit der obersten Gewalt ausgestatteten Organe die bestehende Rechtsordnung durchbrechen. Es treten dann gesetzwidrige, anarchische Zustände ein. Solcher Gefahr ist natürlich die absolute Monarchie besonders ausgesetzt, weil sich hier die ganze Machtfülle in einer Person vereinigt, die nur zu leicht momentanen Impulsen folgend, die eigenen Interessen mit denen des Staates verwechselt, während in denjenigen Staaten, wo ein Zusammenwirken verschiedener Organe erforderlich ist, damit der Wille der obersten Staatsgewalt in die Erscheinung trete, in dieser Thatsache allein schon ein Schutz vor willkürlichen Abweichungen von der bestehenden Rechtsordnung gelegen ist. Ob daher eine absolute Monarchie eine Despotie sei, wird meist als quaestio facti bezeichnet werden müssen. Dasjenige Staatswesen jedoch, wo grundsätzlich nicht das Gesetz sondern des Herrschers Wille die ausschlaggebende Norm für die Beziehungen des Volkes zur Regierung oder der einzelnen Staatsbürger zu einander abgäbe, würden wir, unabhängig von der jeweiligen Handhabung der Staatsleitung, nicht als einen Kulturstaat, nicht als im Besitz eines Staatsrechts befindlich, bezeichnen können. Hinsichtlich Russlands wird häufig die Frage aufgeworfen, ob es nicht in diese Kategorie gehöre, weil in der That daselbst häufig von der höchsten Staatsgewalt Akte ausgehen, welche an das „L'état c'est moi" Ludwigs XIV. oder an den Satz des römischen Kaiserreichs erinnern: „Quod principi placuit, legis habet vigorum," aus welchem das französische Rechtssprichwort stammt: „Qui veut le roi, si veut la loi." Es sind das aber trotz ihrer Häufigkeit immerhin nur Ausnahmen von der Regel und für die Klassifizierung ist allein diese maassgebend. Es wird sich noch die Gelegenheit bieten auf diesen Gegenstand zurückzukommen (s. § 6 und 7) und soll an dieser Stelle nur noch erwähnt sein, dass neben anderen russischen Staatsrechtslehrern auch der Graf Speranski, welcher bei der Kodifikation der russischen Reichsgesetze so wesentlich thätig

(„Руководство къ познанію законовъ") diese Frage erörtert und Russland als einen Staat bezeichnet, dessen Regierung nicht auf Gewalt sondern auf Gesetz gegründet sei.

Das Staatsgebiet und seine Eintheilung.

§ 2. Als zur Zeit der Tatarenherrschaft der Fürst von Moskau Iwan I., genannt Kalita, vom Khan zu seinem Oberstatthalter ernannt und ihm die grossfürstliche Würde verliehen wurde, entstand hierdurch innerhalb des durch das Theilfürstenthum zerrissenen und zersplitterten russisch-slavischen Gebietes ein sich über die anderen staatlichen Gebilde erhebender Kern, der allmählich an Macht zunahm und theils durch Erbfolge, theils auf dem Wege von Eroberungen die übrigen Theilfürstenthümer mit sich vereinigte. Damit hatte aber die Gebietserweiterung noch ihr Ende nicht erreicht, vielmehr sehen wir ein beständiges Wachsen des Grossfürstenthums und späteren Zarenreiches, und zwar verwandeln sich die bei Aufsaugung der Theilfürstenthümer maassgebend gewesenen nationalen Einheitsbestrebungen allmählich in politische Zwecke verfolgende Eroberungssucht. So unterwarf sich Johann der Grausame Kasan (1552), Astrachan (1558) und endlich das Gebiet Sibiriens (1582). Im Jahre 1654 eroberte Zar Alexei Michailowitsch Kleinrussland. Diesem grossen Gebiete fügte Peter der Grosse auf Grund des im Jahre 1721 mit Schweden abgeschlossenen Friedens zu Nystatt die Herzogthümer Liv- und Estland, Ingermannland, Karelien und einen Theil Finnlands hinzu, wodurch sein Reich an der Ostsee Fuss fasste. Katharina II. eroberte die Krim nebst dem nördlichen Ufer des Schwarzen Meeres und vereinigte das sich ihr freiwillig unterwerfende Herzogthum Kurland mit dem Reich Während der Regierung Alexanders I. fielen ferner Finnland und Polen an Russland, welches sich endlich noch unter Alexander II. durch die Unterwerfung des Kaukasus und riesiger mittelasiatischer Gebiete vergrösserte. So besitzt denn das russische

Reich gegenwärtig ein Gebiet von gegen 22000000 □Kilometer und ist an Ausdehnung das zweitgrösste der Welt, übertroffen nur von England (25000000 □Kilometer). Unter den Staaten Europas nimmt es, sein europäisches Gebiet allein gerechnet, mit 5400000 □Kilometern den ersten Platz ein. Deutschland steht mit 540000 □Kilometern erst an vierter Stelle.

---

§ 3. Das europäische Russland, aus welchem das Grossfürstenthum Finnland*) wegen seiner noch nicht gänzlich beseitigten staatsrechtlichen Sonderstellung auszuscheiden ist, zerfällt in Gouvernements, Kreise, Städte und bäuerliche Gemeindebezirke.

1. Das Gouvernement (губернія). Dasselbe stellt eine höhere Verwaltungseinheit dar, deren oberste Verwaltungsbehörden unmittelbar der Centralregierung unterstellt sind und ihre Befugnisse innerhalb der Grenzen des Gouvernements auszuüben haben. Ausnahmsweise sind einzelne Gouvernements noch zu einer höheren Verwaltungseinheit, einem General-Gouvernement (Генералъ-губернаторство) vereinigt und stehen dann unter einem General-Gouverneur. Solcher General-Gouvernements giebt es zur Zeit drei: das Wilnasche, (bestehend aus den Gouvernements Wilna, Kowno und Grodno), das Kiewsche, (bestehend aus den Gouvernements Kiew, Podolien und Wolynien), und das General-Gouvernement Warschau, (bestehend aus den Gouvernements Warschau, Kalisch, Petrikau,

---

*) Das Königreich Polen und die drei Ostseeprovinzen, Gebiete, deren Bevölkerung weder dem Stamme, dem Glauben, noch den Sitten nach den Bewohnern der russischen Gouvernements adäquat sind, wurden ihrer staatsrechtlich gewährleisteten Sonderstellung in den letzten Jahrzehnten beraubt und dem russischen Staate einverleibt. Mit dem Abbruch der Verfassung Finnlands ist in diesem Jahre der Anfang gemacht; noch bildet das Grossfürstenthum einen eigenen Staats-Organismus.

Radom, Kjelce, Lublin, Siedlce, Plozk, Lomsha und Suwalki. Ausserdem ist noch das Gouvernement Moskau für sich allein einem General-Gouverneur unterstellt. Das europäische Russland zerfällt in 50 Gouvernements, die übrigens nicht auf ganz gleicher Grundlage verwaltet werden, da für das Land der donischen Kasaken (4 Gouv.), das Gebiet des Königreichs Polen (10 Gouv.), und für die drei Ostseeprovinzen, Liv-, Est- und Kurland, einige Sonderbestimmungen gelten. Hinsichtlich der Ostseeprovinzen ist zu bemerken, dass ihre eigenartige öffentliche Rechtsordnung namentlich durch Einführung der allgemeinen russischen Städteordnung und der Justizordnung Alexanders II. wesentlich durchbrochen worden ist; immerhin haben sich aber dort noch einige dem Lande sein historisch gewordenes Gepräge wahrende Einrichtungen und Gesetze erhalten. Die russische Landschaftsordnung ist daselbst noch nicht zur Einführung gelangt,*) die Adelskorporationen haben eine von der russischen abweichende Verfassung, die dem Grossgrundbesitz nicht unbedeutende Selbstverwaltungsbefugnisse einräumt; es gilt in diesem Gebiete nicht das russische Privatrecht, sondern das auf gemeinrechtlicher Grundlage beruhende Privatrecht der Ostseeprovinzen, endlich ist das Agrarrecht und demnach auch die Organisation des Bauernstandes eine andere als in den übrigen Reichstheilen. Jene Provinzen kennen weder den Gemeindebesitz noch die mit Aufhebung der Leibeigenschaft verbundenen Loskaufszahlungen. Denn hier erfolgte die Bauernemanzipation bereits zu Beginn dieses Jahrhunderts auf Beschluss der Ritterschaften, wobei zur Sicherung des Bauernstandes ein gewisser Prozentsatz des bebauungsfähigen Landes der ausschliesslichen bäuerlichen Nutzung vorbehalten blieb. Auf dem Wege freier Kontraktschliessung hat sich in Folge dessen ein behäbiger Kleingrundbesitzerstand (Eigenthümer und Pächter von Bauernhöfen) gebildet, welcher im Reich nur sehr sporadisch anzutreffen ist

*) Grundsätzlich beschlossen ist sie bereits.

und auch bei weiterer Vernichtung der den genannten Provinzen vertragsmässig gewährleisteten Sonderstellung ein sie von dem übrigen Reich unterscheidendes Merkmal bleiben wird.

2. Der Kreis (уѣздъ). Die Gouvernements zerfallen in Kreise, die meist aus einer Kreisstadt und einem grösseren dieselbe umgebenden Landgebiete gebildet werden.

3. Die Landgemeinde (волость). Diese Samtgemeinde besteht aus mehreren Dorfgemeinden (сельская община) und hat einen ständischen Charakter, da sie eine ausschliesslich den Bauernstand betreffende Verwaltungseinheit bildet.

4. Die Stadt (городъ). Die Städte sind, je nachdem sie den Sitz der Gouvernements- oder Kreis-Verwaltungen bilden, Gouvernements- oder Kreisstädte. Die zu keiner dieser beiden Kategorien zählenden Städte werden als ausseretatsmässige (заштатные г.) bezeichnet. Erst seit Einführung der Städteordnung vom Jahre 1870 sind die in den Kreisen belegenen Städte zu von jenen getrennten wirthschaftlichen Einheiten mit selbstständiger Verwaltung geworden; hinsichtlich der Polizei und mancher anderen staatlichen und administrativen Angelegenheiten sind aber die meisten von ihnen der Kreisobrigkeit unterstellt geblieben. Einige Städte heben sich wegen ihrer Bedeutung von den übrigen ab und nehmen daher auch die Stellung besonderer staatlicher Verwaltungseinheiten ein. So stehen Kronstadt, Nikolajew im europäischen und Wladiwostok im asiatischen Russland unter einem Militär-Gouverneur, andere hingegen wie St. Petersburg, Odessa, Sewastopol, Kertsch-Jenikale bilden aus der allgemeinen Verwaltung des Gouvernements ausgeschiedene Stadthauptmannschaften (Градоначальство). Der Stadthauptmann (Градоначальникъ) ersetzt für das ihm unterstellte Gebiet die Gouvernements-Obrigkeit.

§ 4. Zum asiatischen Gebiet gehört Sibirien, Mittelasien und Kaukasien. Hier begegnen wir neben den Eintheilungen in General-Gouvernements, Gouvernements und Kreise, auch nach den Bezeichnungen „Область“ und „Округъ“, welche den

Gouvernements und Kreisen des europäischen Russland entsprechen.*)

§ 5. Obige Gebietseintheilungen bilden zwar die Grundlage für den staatlichen Aufbau des Reichs, doch giebt es auch noch andere, sie durchkreuzende, verschiedenen staatlichen Verwaltungszwecken dienende territoriale Abgrenzungen, wie z. B. für das Justiz-, Militär-, Unterrichts-, Verkehrswesen, die Kirchenverwaltung u. s. w. Hier werden die Einheiten mit округъ bezeichnet, also: судебный, военный, учебный округъ; Округъ путей-сообщенія, церковнаго управленія . . . .

Die souveräne Gewalt des Kaisers und die Grundgesetze des russischen Reichs.

§ 6. „Der Kaiser ist ein selbstherrschender und unbeschränkter Monarch.“ Das besagt der 1. Art der Grundgesetze des Reichs.**) Der Art. 47 derselben lautet: „Das russische Reich wird auf der festen Grundlage bestimmter, von der selbstherrschenden Gewalt ausgehender Gesetze, Einrichtungen und Statuten („законовъ, учрежденій и уставовъ“) regiert. Auf den ersten Blick scheint bei Gegenüberstellung dieser beiden Gesetzesbestimmungen ein Widerspruch vorzuliegen; denn wenn der Kaiser ein selbstherrschender und unbeschränkter Monarch ist, so kann für ihn auch das Gesetz keine Schranke bilden, zumal sein Wille die einzige Quelle des Gesetzes ist. Der Satz hätte eigentlich zu lauten: „Das russische Reich wird nach dem Willen des selbstherrschenden Kaisers regiert.“

*) Bessarabien wurde vor der dort erfolgten Einfuhrung der allgemeinen Gouv.-Institutionen auch „Область“ genannt; gegenwärtig wird im europäischen Russland diese Bezeichnung nur auf das Gebiet der donischen Kasaken („Область войска Донского“) angewendet.

**) Der Art. 1 lautet wörtlich: „Der Kaiser von Russland ist ein selbstherrschender und unbeschränkter Monarch, seiner Gewalt nicht nur aus Furcht, sondern aus Trieb des Gewissens („за совѣсть“) zu gehorsamen, befiehlt Gott selbst.“

Dieser Widerspruch bedarf einer Lösung. Schon die Thatsache, dass in dem I. Bande der Reichsgesetze besondere Bestimmungen als Grundgesetze des Reiches bezeichnet und dadurch von den übrigen Gesetzen unterschieden werden, deutet darauf hin, dass ein festes Fundament für den Staatsbau geschaffen werden sollte, welches, wenn auch die absolute Gewalt des Herrschers nicht zu binden, so doch spontanen Willensäusserungen desselben ein gewisses Hemmniss entgegen zu stellen vermag. Staatliche Grund- und Verfassungsgesetze sind nirgends unabänderlich, wie nichts Menschliches einen ewigen Bestand hat, aber sie werden in den meisten Verfassungen besonders geschützt, indem ihre Aenderung nur unter Beobachtung eigens festgesetzter Formen vor sich gehen darf. Sie sollen gleichsam den eisernen Bestand des betreffenden Staates bilden.

Wo aber wie in der absoluten Monarchie, der gesammte Gesetzgebungsvorgang sich in der einen Person des Monarchen vollzieht, hat, genau genommen, der Begriff grundlegender Gesetze keine Existenzberechtigung, sofern ihm nicht die Tendenz innewohnt, ihnen auch gegenüber dem wechselnden Herrscherwillen eine gewisse Stabilität zu gewährleisten, also jenem ein Hemmniss zu sein.

Zu den Grundgesetzen des russischen Reiches gehört u. A. die Thronfolgeordnung. Die Theilfürsten waren vielfach von der Volksversammlung (вѣче) gewählte Fürsten, feste Ordnungen der Erbfolge gab es nicht, und es herrschte zu damaliger Zeit auch in dieser Hinsicht Zufall, Willkür und Gewalt. In der Periode der Moskowischen Grossfürsten vermachten diese die Thronfolge durch Testament oder schlossen über dieselbe Erbverträge, behandelten sie demnach als ein Privatrecht, es gab eben eine feststehende staatliche Thronfolgeordnung nicht. Nach dem Aussterben des Moskowischen Hauses tritt wiederum das Wahlsystem in Kraft, auf Grund dessen dann auch im Jahre 1613 Michael Romanow auf den Thron berufen wird. In der dieser Wahl zu Grunde liegenden Urkunde findet sich zuerst die Bestimmung, dass der Zar der griechisch-katholischen

Kirche angehören und Moskau seine Hauptstadt sein solle. Diese Forderungen erklären sich dadurch, dass nachdem der Bojarenrath Wladislaw den Sohn Sigismund III. von Polen zum Zaren gewählt hatte, das russische Volk, wenn es sich nicht in Masse erhoben und die Polen vertrieben hätte, Gefahr lief, unter polnische und römisch-katholische Herrschaft zu gerathen. Verweilen wir zunächst bei diesem Vorgange, einem der wichtigsten der russischen Geschichte, dem die regierende Dynastie ihr souveränes Herrschaftsrecht verdankt. Durch denselben hat das russische Volk seinen Willen in zwiefacher Hinsicht kundgethan: es sollte seinen nationalen und religiösen Empfindungen für alle Zukunft Rechnung getragen werden. Die ersteren scheinen gewährleistet, wenn Moskau, die Wiege des neuen Staatswesens, Moskau, welches die Befreiung vom schweren Joch der Tataren vollbracht hatte, zu des Reiches Hauptstadt bestimmt wurde. Zwar hat Peter der Grosse diesem Volkswillen entgegen gehandelt, indem er seine Residenz nach St. Petersburg verlegte und de facto dieses zur Hauptstadt machte, dabei ist aber Moskau der Ort geblieben, wo der Zar die Weihe der Krönung erhält (Anmerkung zu Art. 36 der Grundgesetze) und wird bis auf den heutigen Tag als der eigentliche Sitz des Thrones (первопрестольная столица) bezeichnet. Die andere, nenne man es Bedingung oder Modalität, unter welcher der Stammvater der Romanows den Thron bestieg, das Glaubensbekenntniss des Zaren, ist unverbrüchlich gehalten, ja später — gewiss nur im Sinne des „rechtgläubigen" Volkes — noch auf die Person der Zarin ausgedehnt worden und hat im Art. 41 der Grundgesetze Aufnahme gefunden. Es muss gewiss anerkannt werden, dass jeder Zar die Befugniss besitzt, dieses Gesetz wieder zu beseitigen, nicht minder aber wird zuzugestehen sein, dass dessen Entstehung, verbunden mit der ihm gewordenen Qualifikation als Reichsgrundgesetz, doch eine nicht ganz gering zu schätzende Existenzgewähr bietet, da auch der absoluteste Herrscher zu besonderer Umsicht und genauer Ueberlegung veranlasst werden wird, wenn es sich darum handelt, was das Gesetz selbst als fundamentale Staatsforderung bezeichnet, zu beseitigen. Wir finden also auch hier wie in freier regierten Staaten einen Riegel zum Schutze gewisser festgelegter Staatsgrundsätze vor willkürlicher Nichtachtung, wenngleich er, der Natur der Dinge entsprechend, mindere Sicherheit bietet als in jenen.

§ 7. Zur Geschichte der auch in die Grundgesetze aufgenommenen Thronfolgeordnung zurückkehrend, sehen wir, dass auf Michael Romanow sein Sohn Alexei und diesem der erstgeborene Sohn Fedor folgt, dass aber nach dessen Ableben schon wieder die natürliche Erbfolge durchbrochen wird, indem sich Peter der Grosse zu Ungunsten seines älteren Bruders Iwans zum Zaren ausrufen lässt und jeder festen Ordnung durch einen Ukas entgegen wirkt, worin dem Zaren die Befugniss ertheilt wird, seinen Nachfolger, selbst mit Umgehung der Blutsverwandten, zu ernennen. Dieses Fehlen jeglicher festen Erbfolgeordnung hat dann in der Folge den russischen Zarenthron zum Gegenstand beutelustiger Prätendenten gemacht und es besteigen denselben, nach gewaltsamer Beseitigung ihrer Widersacher, nicht berufene, sondern vom Glück begünstigte Familienglieder.*) Es ist daher ein um das russische Reich nicht hoch genug zu schätzendes Verdienst Kaiser Pauls, dass er, dessen Regierung sich sonst durch bis an Geisteszerrüttung streifende Excentricität kennzeichnet, jene petrinische Willkürbestimmung beseitigte und eine Thronfolgeordnung nebst Familienstatut festsetzte. Nahe genug war ihm die Nothwendigkeit solcher Bestimmungen allerdings gelegt worden, denn nicht allein, dass er den väterlichen Thron bereits durch Katharina II. besetzt fand, als Peter III. eines auffälligen Todes starb, ging die Mutter ernstlich mit dem Gedanken um, Paul für immer von der Thronfolge auszuschliessen und dessen Sohn Alexander zu ihrem Nachfolger zu ernennen. In der

---

*) Nicht unberechtigt war der Ausspruch eines Zeitgenossen: „Le trône de Russie n'est ni héréditaire, ni électif, il est occupatif.“

erwähnten Handlungsweise Peters des Grossen tritt uns die despotische, die Souveränität als ein Privatrecht betrachtende Willkür entgegen, sie wird zum Grundsatz erhoben. Paul, obwohl absoluter Herrscher, beschränkt sie, hebt die Verquickung von Staats- und Privatrecht in dieser für das ganze Staatswesen und seine fernere Fortentwickelung so bedeutsamen Frage auf, lässt den Gedanken, dass der Staat bestimmter und gesicherter Grundlagen bedarf, scharf hervortreten. Ist nun die Thronfolgeordnung und die Bestimmung über das Glaubensbekenntniss des Herrschers als eine gewisse, dem Willen des absoluten Monarchen gesetzte Willensschranke zu betrachten, so gilt das in gleicher Weise für die, ebenfalls in die Grundgesetze aufgenommene Festsetzung, dass Russland nach bestimmten Gesetzen zu regieren sei, und darum darf man sagen: Das russische Reich will ein Rechtsstaat sein, weil eine Fundamentalbestimmung seiner Staatsordnung dahin lautet, dass in ihm nicht Willkür, sondern Recht und Gesetz walten soll.*)

Wesen und Thätigkeitsgebiet der souveränen Gewalt.

§ 8. Die souveräne Gewalt wird als dem berufenen Herrscher von Gott verliehen betrachtet, sie ist untheilbar und unbeschränkt, soweit sie sich nicht selbst als durch die Gesetze beschränkt erachtet. Der Untheilbarkeit widerspricht es nicht, dass sie sich zur Ausübung gewisser Funktionen der Mitwirkung von ihr ernannter und ihr untergeordneter Organe bedient, welche ihren Weisungen zu folgen haben und innerhalb genau bestimmter Befugnissgrenzen thätig sind.

Das Thätigkeitsgebiet der souveränen Gewalt ist ein zweifaches.

1. Das Gebiet der Gesetzgebung. Hier übt sie eine unmittelbare Wirksamkeit aus. Das Gesetz ist eine Emanation des den Staatswillen darstellenden kaiserlichen Willens.

---

*) Vgl. was im § 8 uber die Unabhängigkeit der Justiz gesagt wird.

Die mitwirkenden Organe haben dabei keine entscheidende Stimme, sondern nur eine vorbereitende, berathende oder ausführende Thätigkeit.

2. Das Gebiet der Verwaltung. Hinsichtlich dieses unterscheidet das Gesetz:

a) Die Oberverwaltung (управленіе верховное), welche dem Kaiser persönlich vorbehalten ist, und

b) die Unterverwaltung („управленіе подчиненное"), deren Ausübung den Staatsorganen zusteht. Das Unterscheidungsmerkmal dieser beiden Kategorien besteht darin, dass der Oberverwaltung ein mit der Gesetzgebungsgewalt zusammenhängender, freier, schöpferischer Charakter zukommt, während die Unterverwaltung auf die Ausführung, bezw. Anwendung der Gesetze beschränkt ist.*) Hieraus ergiebt sich, dass die erstere alle diejenige staatliche Lebensthätigkeit umfasst, welche nicht durch das Gesetz vorgesehen und geregelt werden kann, sondern ihrer Natur entsprechend, der Einwirkung des höchsten Staatswillens bedarf. Hierher gehören neben der Gesetzgebung die sonstigen Angelegenheiten, deren Entscheidung die Zuständigkeit der einzelnen Staatsorgane überschritte, wie z. B. die Abschliessung von Verträgen mit andern Staaten, die Kriegserklärung, der Friedensschluss u. s. w. Der obersten Staatsgewalt steht natürlich auch das Recht zu, die untere zu beaufsichtigen und wo es ihr angemessen scheint, in deren Thätigkeit einzugreifen.

Zur Verwaltung im weiteren Sinne gehört die Rechtspflege, und es ist auch diese der obersten Verwaltung unterstellt, aber diese hat sich hier selbst gewisse Schranken gesetzt und will, der Regel nach, die Ausübung der Rechtspflege nicht beeinflussen, in dieselbe nicht eingreifen. Die Rechtspflege ist bestimmten Organen überlassen und die geltenden Justizgesetze sprechen ausdrücklich aus, dass es keine Beschwerde über die Entscheidungen der obersten Justizinstanz (Dirigirender Senat)

---

*) Vgl. Art. 80 und 81 der Grundgesetze.

giebt.*) Die Beziehungen der souveränen Gewalt zur Justiz bestehen im Folgenden:

1. der Kaiser führt über sie die Aufsicht;

2. die Urtheile erfolgen im Namen des Kaisers;

3. die Richter werden direkt oder indirekt vom Kaiser ernannt;

4. der Kaiser übt allein das Begnadigungsrecht aus, sei es aus eigenster Initiative, sei es auf Vorstellung der Gerichte oder auf Bitte der Privaten.

Von der Regel, dass der Kaiser persönlich keine Justiz ausübt, macht das Gesetz einige Ausnahmen, die darin bestehen, dass

a) die disziplinare Strafgewalt über gewisse Kategorien höchster Beamten ihm vorbehalten ist;

b) er darüber zu entscheiden hat, ob Beamte der obersten 3 Rangklassen in Anklagezustand zu versetzen sind;

c) bestimmte Gerichtsurtheile vor der Vollziehung der kaiserlichen Bestätigung zu unterliegen haben;

d) die Glieder der kaiserlichen Familie seiner strafrechtlichen Jurisdiktion unterstehen.

Die Unverantwortlichkeit der souveränen Gewalt.

§ 9. In dem Begriffe der Souveränität liegt bereits die Unverantwortlichkeit der obersten Staatsgewalt, denn wenn dieselbe ausser Gott, von dem sie ihr Recht herleitet, irgend wem verantwortlich wäre, ginge damit ihre Unabhängigkeit verloren. Selbst in der konstitutionellen Monarchie wird der Souverän als persönlich unverantwortlich hingestellt, seine Staatsakte werden dort von den verantwortlichen Ministern gedeckt, deren Mitwirkung

---

*) Diese gesetzlich anerkannte Unabhängigkeit der Justiz von der höchsten Staatsgewalt bestätigt, dass Russland ein Rechtsstaat sein will (§ 7).

unerlässlich ist, damit des Herrschers Willensäusserung als Staatsakt betrachtet werde und Geltung beanspruchen könne. In der absoluten Monarchie kann selbstverständlicher Weise von einer derartigen Verantwortlichkeit nicht die Rede sein, denn hier ist eine ministerielle Gegenzeichnung der einzelnen Willensakte des Herrschers nicht erforderlich, und wenn sie erfolgte, verantwortet der Minister für seinen Rath nur dem Souverän. Dessen Wille deckt den Minister. Die Unverantwortlichkeit bezieht sich nicht allein auf Handlungen politischer Art, sondern ist auch dahin zu verstehen, dass der Kaiser den Strafgesetzen nicht unterworfen ist. Als Subjekt von Vermögensrechten hingegen, kann er wohl gerichtlich in Anspruch genommen werden, wobei die mit der Verwaltung seiner Vermögensangelegenheiten betraute Institution die Parteirolle auszuüben hat.

Die Unverletzlichkeit des Trägers der souveränen Gewalt.

§ 10. Wie in allen Staaten das Oberhaupt als Träger der Staatsgewalt einen besonderen Schutz geniesst, so ahndet auch das russische Strafgesetz einen Angriff auf das Leben, die Gesundheit, die Freiheit oder die Ehre der „geheiligten“ Person des Kaisers als Hochverrath nicht allein mit den schwersten Strafen, sondern verneint bei dieser Gattung von Verbrechen die sonst von ihm anerkannten Grundsätze einer Strafabstufung je nach der Theilnahme, oder dem Grade der Verbrechensvollendung. Jede Vorbereitung zu einer solchen Handlung, ja sogar schon das ausgesprochene Vorhaben ihrer Begehung, wird mit dem Tode bestraft, als sei sie erfolgt und der verbrecherische Zweck erreicht. Die gleiche Strafe trifft auch die der Nichtverhinderung Schuldigen und diejenigen Personen, welche von einem beabsichtigten verbrecherischen Anschlage auf die Person des Kaisers Kenntniss hatten, aber Anzeige zu machen unterliessen, obwohl die Möglichkeit einer solchen vorlag. Selbst die wörtliche Majestätsbeleidigung wird mit Entziehung aller Standesrechte und mehrjähriger schwerer Zwangsarbeit bedroht; wer aber Zeuge einer solchen gewesen und die Anzeige unterliess, ist einer Arreststrafe bis zu drei Monaten gewärtig. Als eine Eigenthümlichkeit und mangelnde Folgerichtigkeit des russischen Strafgesetzbuches ist noch die Thatsache hervorzuheben, dass dasselbe nicht allein die Kaiserin und den Thronfolger, sondern alle Glieder des Kaiserhauses ganz in dem gleichen Masse schützt wie die Person des Kaisers selbst, so dass das in den vorhin erwähnten Verbrechen wider die geheiligte Person des Herrschers liegende Moment des Hochverraths in begriffswidrigem Sinne auch bei Handlungen, welche gegen nur eventuelle Träger der Souveränität gerichtet sind, Anwendung findet.

Die Ehrenrechte des Kaisers.

§ 11. Zu den Ehrenrechten des Kaisers gehört die Führung des Titels: Kaiserliche Majestät und die Benutzung des Reichswappens. Er verleiht alle öffentlichen Ehren und Würden und ist der Grossmeister aller russischen Orden. Ihm werden als dem obersten Befehlshaber von Heer und Flotte die höchsten militärischen Ehren erwiesen.

Die Familien- und Vermögensrechte des Kaisers.

§ 12. Gemäss dem in die Grundgesetze des Reichs aufgenommenen Familienstatut des kaiserlichen Hauses ist der Kaiser dessen Oberhaupt. Er führt die Aufsicht über alle Familienglieder, bestimmt den unmündigen unter ihnen, falls erforderlich, Vormünder und hat den Anspruch auf Ehrerbietung und Gehorsam. Die Familienglieder haben bei Eingehung einer Ehe oder im Falle der Lösung einer solchen durch Scheidung, seine Genehmigung einzuholen und sind ihm als Unterthanen zur Treue verpflichtet. Die Ungehorsamen kann er der ihnen durch das Familienstatut gewährleisteten Rechte verlustig erklären.

Streitig ist, ob es dem Kaiser auch zusteht, die Glieder seiner Familie des Anrechtes auf den Thron zu berauben. Nach dem Wortlaut des von Kaiser Paul erlassenen Statuts scheint diese Frage verneint werden zu müssen, weil daselbst nur von den in diesem Statut enthaltenen Rechten die Rede ist, während die Thronfolgeordnung ein besonderes Gesetz für sich bildete und nur von der freiwilligen Thronentsagung des Berufenen spricht. Durch die Kodifikation sind dann die Thronfolgeordnung und das Familienstatut in die Reichsgrundgesetze Abtheilung I und Abtheilung II aufgenommen worden, wobei der Art. 178 derselben besagt, dass der regierende Kaiser als unbeschränkter Selbstherrscher den Familienangehörigen für Ungehorsam, mangelnde Ehrerbietung u. s. w. die ihnen durch „dieses Gesetz" verliehenen Rechte entziehen könne. Gestützt auf diese Veränderung des Wortlautes wird andererseits die Ansicht vertreten, dass auch die Thronfolgeordnung vom Kaiser zu Ungunsten eines Berufenen durchbrochen werden könne. Es ist das eine Doktorfrage auf welche, ohne sie hier näher zu erörtern, hingewiesen werden sollte. Der Kaiser hat sein besonderes Chatoullen-Vermögen und zudem die Verfügung über das von der Apanagen-Verwaltung (Главное Управленіе Удѣловъ) administrirte Familien-Vermögen. Es ist selbstverständlich, dass dem obersten Staatsvertreter auch Staatsmittel zur Erfüllung seiner Obligenheiten zu Gebote stehen müssen. Ein Maass der Inanspruchnahme der Staatskasse ist gesetzlich nicht festgelegt, es hängt ausschliesslich von des Kaisers Belieben ab.

Der Unterhalt der Hofhaltungen des Kaisers und des Thronfolgers wird aus dem Staatsschatz bestritten, welcher ausserdem der Kaiserin, dem Thronfolger, dessen Gemahlin und Kindern, endlich den Gliedern der kaiserlichen Familie bestimmte im Gesetz vorgesehene Jahresbeträge zu leisten hat.

Die Thronfolgeordnung.

§ 13. Die Art der Thronfolge ist durch das in die Grundgesetze aufgenommene Statut des Kaisers Paul vom 5. April 1797 fest geregelt. Danach sind im Allgemeinen alle Nachkommen des Kaisers-Stammhalters, (als solcher gilt Kaiser Paul), männliche und weibliche, in verschiedener Gradation zur Thronfolge berufen. Hierzu genügt aber nicht die Blutsverwandtschaft allein, sondern es ist noch erforderlich, dass der Thronerbe einer gültigen Ehe entsprossen sei. Als gültig betrachtet das Hausgesetz, abgesehen von den allgemeinen Erfordernissen, eine Ehe nur, wenn 1. dieselbe mit Genehmigung des regierenden Kaisers und 2. mit einer ebenbürtigen*) Person geschlossen war, d. h. mit einer solchen, welche einem Herrscherhause entstammte.**)

Die Thronfolge innerhalb der kaiserlichen Familie richtet sich nach folgenden zwei Fundamentalbestimmungen:

a) Der männlichen Linie gebührt ein unbedingtes Vorzugsrecht vor der weiblichen und

b) innerhalb der berechtigten Linie entscheidet das Recht der Erstgeburt.

---

*) Ob die Ebenbürtigkeit davon abhängig ist, dass das Herrscherhaus zur Zeit der Eheschliessung regiere, oder ob auch das Mitglied eines mediatisirten Hauses als ebenburtig gilt, wird im Gesetz nicht ausgesprochen.

**) Der Art. 141 der Grundgesetze bestimmt, dass die Ehe eines männlichen Mitgliedes der kaiserlichen Familie, welches zur Thronfolge berufen sein könnte, mit einer Person anderen Bekenntnisses nicht vor deren Uebertritt zur herrschenden Kirche geschlossen werde. Hieraus folgern einzelne Rechtslehrer, dass, sofern diese Bedingung nicht eingehalten worden, die betreffende Ehe im Sinne der Thronfolge als ungultig zu betrachten sei. Dem kann jedoch nicht beigepflichtet werden, weil das Gesetz solche Konsequenz nicht zieht, vielmehr im Art. 140 l. c. besagt, dass die Mitglieder des kaiserlichen Hauses, nach erfolgter Genehmigung des Kaisers, eine Ehe mit Personen anderen Bekenntnisses einzugehen berechtigt seien.

Die männliche Linie besteht aus einer ununterbrochenen Reihenfolge von Personen männlichen Geschlechts, als weibliche Linie dagegen wird eine solche bezeichnet, wo die Verwandtschaft mit dem kaiserlichen Hause durch eine Person weiblichen Geschlechtes vermittelt wird. Bei dem Vorhandensein einer männlichen, selbst entfernteren Linie, wird die weibliche ausgeschlossen, und innerhalb dieser gebührt wiederum dem männlichen Geschlecht der Vorzug vor dem weiblichen, was übrigens nicht so zu verstehen ist, als ob die den Uebergang von der männlichen zur weiblichen Linie vermittelnde Person auch einem männlichen Verwandten gegenüber zurückzustehen hätte (Art. 8 l. c.). Angenommen, es wären die männlichen Linien ausgestorben und bei des Kaisers Tode nur eine Tochter nebst Sohn vorhanden, so würde nicht der Grosssohn, sondern dessen Mutter, des letzten Kaisers Tochter, den Thron besteigen.

Das Erstgeburtsrecht besteht darin, dass dem Kaiser die Linie seines erstgeborenen Sohnes nachfolgt, so dass der zweitgeborene Sohn von ihr ausgeschlossen wird u. s. w.

Der Verzicht auf den Thron ist jedem Berufenen unbenommen, „sofern dadurch keine Schwierigkeiten in der ferneren Thronfolge entstehen" (Art. 15 l. c.). Dieser Zusatz ist nicht recht verständlich; der Verzicht wirkt, obwohl das Gesetz darüber schweigt, nur für die Person des Verzichtleistenden, nicht etwa auf dessen Nachkommenschaft, da die Thronfolge ein selbstständiges, auf der Blutsverwandtschaft beruhendes Recht ist. Unwiderruflich wird der Verzicht, sobald er als Gesetz veröffentlicht wurde (Art. 16 l. c.).*)

---

*) Als Verzicht ist anzusehen, wenn der durch die Thronfolgeordnung Berufene einem fremden Glaubensbekenntnisse angehört und nicht zur „herrschenden" Kirche übertreten will, da Art. 41 der Grundgesetze unbedingt ausspricht, dass der russische Kaiser keinem anderen Bekenntnisse, als dem griechisch-orthodoxen angehören könne.

Die Thronbesteigung.

§ 14. Mit dem Tode des regierenden Kaisers geht der Thron und die souveräne Gewalt ipso jure auf den berechtigten Thronerben über, ohne dass es hierzu irgend einer Handlung bedarf. Damit im gegebenen Augenblicke kein Zweifel über die Person des Thronerben herrscht, verpflichtet das Grundgesetz den Kaiser, in dem die Thronbesteigung verkündenden Manifeste auszusprechen, wer der Thronerbe sei, falls ein solcher vorhanden. Sollte dieser in der Folge sterben, so wird in einem neuen Manifest der auf ihn folgende Thronerbe bezeichnet. Mit der Thronbesteigung gehen auf den neuen Herrscher alle Rechte und Pflichten seines Vorgängers über. Die Unterthanen leisten ihm und seinem gesetzlichen Nachfolger, sollte dieser auch im Manifest nicht bezeichnet sein, den Eid der Treue.

Die Regentschaft.

§ 15. Als Voraussetzung, zwar nicht zur Thronfolge, wohl aber zur persönlichen Ausübung der souveränen Gewalt, gilt die Volljährigkeit des Berufenen, welche mit vollendetem sechszehnten Jahre eintritt. Hat der Thronerbe zur Zeit der Erledigung des Thrones dieses Alter noch nicht erreicht, so tritt bis zu diesem Zeitpunkte eine Regentschaft ein. Sie ist von der Vormundschaft zu unterscheiden, denn während dem Vormunde die Fürsorge für die Erziehung des Minderjährigen, sowie die Verwaltung seines Vermögens obliegt, hat der Regent, wie schon das Wort besagt, für ihn zu regieren. Die beiden Funktionen können in einer Person vereinigt oder verschiedenen Personen anvertraut sein. Zur Regentschaft und Vormundschaft berufen ist in erster Linie, wer von dem letzten Kaiser bei Lebzeiten oder letztwillig dazu ausersehen wurde. Irgend eine Beschränkung in der Wahl der Personen kennt das Gesetz nicht; es kann sonach nicht nur ein entfernterer Verwandter mit Uebergehung des näheren, sondern auch eine Person designirt werden, welche überhaupt der kaiserlichen Familie nicht angehört. Hatte der letztverstorbene Kaiser die Ernennung eines Regenten oder Vormundes unterlassen, so gebühren Regentschaft und Vormundschaft dem Vater des Unmündigen oder, wenn dieser nicht mehr am Leben ist, seiner Mutter (Stiefeltern sind ausgeschlossen). Dieser Fall kann eintreten, wenn die Eltern selbst dem Thron entsagten oder wegen mangelnder Zugehörigkeit zur kaiserlichen Familie denselben zu besteigen nicht berechtigt sind (§ 16).

Falls der verwittwete Regent zu einer neuen Ehe schreitet, geht er der Regentschaft verlustig, dasselbe geschieht, wenn er geisteskrank wird. Fallen die Eltern des Unmündigen fort, so tritt der nächste volljährige, männliche oder weibliche, zur Thronfolge berufene Verwandte in die Thätigkeit des Regenten und Vormundes ein. Dem Regenten steht ein Regentschaftsrath aus von ihm selbst ernannten sechs Personen, welche den beiden höchsten Rangklassen angehören müssen, zur Seite. Sie haben in allen zur Entscheidung des Regenten gelangenden Sachen eine berathende Stimme. Ist der Regent also hiernach gehalten, die Meinung des Rathes einzuholen, so bindet ihn dieselbe keineswegs, vielmehr regiert er als Vertreter des Kaisers wie ein unbeschränkter Herrscher. Die Ernennung der Mitglieder des Regentschaftsrathes durch den Regenten erfolgt nur, soweit das nicht bereits vom verstorbenen Kaiser geschehen sein sollte. Männliche Mitglieder der kaiserlichen Familie darf der Regent, sofern sie mündig sind und nur in der Zahl von weniger als sechs in den Rath berufen. Für den Regenten wird die Zugehörigkeit zur herrschenden Kirche durch das Gesetz nicht erfordert.

Die Zugehörigkeit zur kaiserlichen Familie.

§ 16. Wir sahen oben, dass den Familiengliedern des kaiserlichen Hauses eine Anwartschaft auf den Thron zusteht, dass das

Strafgesetzbuch ihnen einen ganz besonderen Schutz angedeihen lässt, dass sie gewisse Ansprüche an den Reichsschatz und die Apanagen besitzen, dem Kaiser unmittelbar unterstellt sind und bei Eingehung einer Ehe dessen Genehmigung einzuholen haben. Das Familienstatut sagt uns endlich, dass diese Personen noch gewisser Ehrenvorrechte theilhaftig sind. Da wirft sich von selbst die Frage auf: Wer wird als zur kaiserlichen Familie gehörig betrachtet? Darauf ertheilt der Art. 82 der Grundgesetze die folgende Antwort: „Alle aus einer rechtmässigen, vom regierenden Kaiser genehmigten, mit einer ebenbürtigen Person geschlossenen Ehe hervorgegangenen Sprösslinge kaiserlichen Geblütes, werden als Glieder des kaiserlichen Hauses angesehen.“ Nach dieser Bestimmung ist allein die Blutsverwandtschaft massgebend.

Aus dem strengen Wortlaute des angeführten Artikels wäre zu schliessen, dass weder die Kaiserin noch die Gemahlin des Thronfolgers oder eines anderen Grossfürsten in den Familienverband eintritt, eine Folgerung, welche weder den geltenden Anschauungen, noch der Praxis entspräche. Kinder, welche einer vom regierenden Kaiser nicht genehmigten Ehe entstammen, werden ausdrücklich als der den Familiengliedern des kaiserlichen Hauses gebührenden Rechte und Vorzüge verlustig erklärt (Art. 90 l. c.). Damit ist aber nicht gesagt, dass sie nicht doch der Familie angehören, und weiter auch nicht, dass die von ihnen abstammende Generation auf alle diese Rechte, die doch durch die Blutsverwandtschaft bedingt werden, keinen Anspruch erheben könnte. So ist es denn auch möglich, dass ein Kind zur Thronfolge berufen wird, dessen Eltern von derselben ausgeschlossen waren, und dass diese ausgeschlossenen Eltern die Regentschaft übernehmen (§ 15). Als äusseres Merkmal der Zugehörigkeit zur kaiserlichen Familie gilt die Eintragung in das Geschlechtsregister, welches im Kabinet des Kaisers geführt wird.

Das Volk.

§ 17. Die den ganzen Staat beherrschende Staatsgewalt, welche in Russland ohne jegliche Mitwirkung des Volkes regiert und Gesetze erlässt, befindet sich auf einer Höhe, von der aus das Volk, dieser immerhin nicht unwesentliche Bestandtheil eines Staates, als eine nicht nur dieser Gewalt untergeordnete, sondern nur ihren Zwecken dienende Menge erscheint. Darum kennt das russische Gesetz nicht den Begriff des Staatsbürgers, welcher die innige Beziehung des einzelnen Bürgers zum Staat, gleichsam seine politische Mündigkeit ausdrückt. Es giebt nach der Terminologie des russischen Staatsrechts nur Unterthanen (подданные). Zwar hat es eine Zeit gegeben, wo das Volk auch einen Willen hatte, welcher in der Volksversammlung zum Ausdruck kam, und ist doch auch die Berufung der Familie Romanow auf den Thron vom Volke erfolgt, allein diese Willensäusserung war, möchte man sagen, der politische Schwanengesang des russischen Volkes; es hat nicht wieder sich politisch zu bethätigen die Gelegenheit und Möglichkeit gehabt, nur Steuern und Kriegsdienst zu leisten ist sein Schicksal gewesen und bis auf den heutigen Tag geblieben, denn immer straffer und schärfer hat die Beamtenschaft des autokratischen Herrschers die Zügel der Regierung angezogen und jeder Versuch, dem Volke eine Mitbethätigung an derselben zu gewähren, zu hintertreiben gewusst. Ja selbst die vom Throne dem Volke verliehene Selbstverwaltung ist auf Drängen des Beamtenthums immer mehr und mehr der Bewegungsfreiheit beraubt worden. Der Zweck liegt auf der Hand. Mit dem Augenblick des Eintrittes solcher Mitbethätigung, in gleichviel welcher Form, würde des Beamtenthums Machtfülle, die es in des Kaisers Namen ausübt und für sich ausnutzt, schwinden oder doch wesentlich herabgedrückt werden. Und Selbstmord zu üben, ist es nicht gewillt. Man kann den Slavophilen, welche wie Chomjakow, die Gebrüder Akssakow,

Ssamarin u. A. darüber Klage führen, dass sich das Beamtenthum als trennende Phalanx zwischen den Herrscher und sein Volk gestellt habe, nur beistimmen. Das alte russische Sprüchwort, dass Gott hoch oben, der Zar aber weit sei, hat durch diese, ihre Interessen mit denjenigen des Staates identifizirende Beamtenschaft an Wahrheit immer nur gewonnen. Ohne die von den Slavophilen vertretene Behauptung, dass des russischen Volkes selbstthätige Entwickelung durch die von Peter d. Gr. gewaltsam eingeführte westeuropäische Kultur eine schroffe Unterbrechung erfahren habe, dass sie für dasselbe ein Unglück gewesen, als richtig anzuerkennen, ist ihnen doch darin beizustimmen, dass das Beamtenthum Russlands zu einer Kaste geworden ist, die alle Reformen der letzten Jahrzehnte zu paralysiren und sich auf den Leib zuzuschneiden gewusst hat. Es hat die Landschaftsinstitutionen und die Städteordnung in büreaukratische Fesseln geschlagen, es vernichtet geflissentlich jeden Keim freier Selbstverwaltung und strebt nur nach Reformen, welche auf dem System des Büreaukratismus ruhen. Nicht die dem russischen Volke aufgepfropfte westeuropäische Kultur, welche keineswegs in succum et sanguinem desselben übergegangen ist, hat man wegen des Stillstandes seiner Entwickelung anzuklagen, sondern neben anderen Ursachen, die, wir wollen sagen, extensive Staatswirthschaft, welche die Herrscher von Peter d. Gr ab, ja schon vor ihm getrieben haben. Wir verstehen darunter das beständige Streben nach territorialer Vergrosserung ohne vorgängigen inneren Auf- und Ausbau des vorhandenen Staatswesens. Das Beamtenthum ist keineswegs, wie die Slavophilen glauben machen wollen, ein mit der Kultur des Westens, also durch Peter d. Gr. importirter Schädling, vielmehr ein auf dem russischen Boden ganz autochthon entwickelter Staatsparasyt. Ein kurzer historischer Rückblick scheint hier am Platz. Gehen wir in die Zeiten der Theilfürsten zurück, so finden wir kleine staatliche Gebilde, bestehend aus der Volksversammlung (вѣче) und dem von dieser, wenn auch nicht immer, so doch meist gewählten

Fürsten. Die Volksversammlung, der alle freien Männer angehörten, übte wesentliche politische Rechte aus, denn nicht allein, dass sie die Fürsten berief, schloss sie mit denselben einen Vertrag (рядъ) ab, welcher seine Machtbefugnisse festsetzte, endlich war ihr auch meist die Bestimmung über Krieg und Frieden vorbehalten. Abgesehen von diesen Beschränkungen, war der Fürst vollkommenster Selbstherrscher, und von Freiheit, von einem Recht des Einzelnen war nicht die Rede. Heer, Gerichtswesen und Verwaltung befanden sich in seiner Hand, und die Beamten, deren er sich zur Ausübung seiner Herrschaft bediente (посадники), waren seine persönlichen Diener, betrachteten sich bei dem damaligen unentwickelten Staatsbewusstsein nicht als Organe des Gemeinwesens. Um seine Macht noch zu sichern, pflegte er sich mit einem Prätorianenthum (дружина) zu umgeben, dessen vornehmste Mitglieder seinen Rath (дума) bildeten. Diese Leute wurden durch Gnadenbeweise und Landschenkungen an das fürstliche Interesse gefesselt. Trat die Bedeutung der Volksversammlung gegenüber der furstlichen Gewalt schon in dieser Periode sehr in den Hintergrund, so bereitete ihr die Tatarenherrschaft beinahe den Untergang. Die Khane kümmerten sich um das Volk und seine Gepflogenheiten nicht, für sie waren nur die Fürsten vorhanden, welche auf Grundlage eines ihnen ausgestellten Bestallungsbriefes (ярлыкъ) herrschten und die Rolle khanischer Statthalter übernahmen, unterwürfig nach oben und brutal nach unten. Die Begründung des Moskowischen Grossfürstenthums brachte in dieser Hinsicht eine Aenderung nicht hervor, die Fürsten wurden jetzt zu Dienern des Grossfürsten, es entstand das sich von dem Volke abhebende Bojarenthum, das Volk blieb eine willenlose Masse, verarmt, ausgesogen, immer noch Gegenstand der Ausbeutung durch den Grossfürsten und seinen Anhang, die um so leichter bewerkstelligt werden konnte, als es in seinem grössten Teile an die Scholle gefesselt, auch der persönlichen Freiheit verlustig gegangen war. Zwar werden in dieser Periode noch gelegentlich Versammlungen des Volkes (земскie соборы) einberufen, aber sie haben meist nur über die Beschaffung von Mitteln zu berathen, sind nicht eine berechtigte Staatsinstitution, sondern treten nur zusammen, sofern der Grossfurst ihres Rathes bedürftig ist. Die durch eine solche Versammlung erfolgte Wahl des Michael Romanow zum Zaren ist ein Ausnahmefall bei Eintritt eines Interregnums und kann nicht als im Zusammenhange mit dem alten politischen Recht der вѣче stehend, betrachtet werden. In der kaiserlichen Periode endlich wird auf das Volk gar nicht mehr zurückgegriffen, denn die Ausrufung Peters d. Gr. zum Herrscher ist nicht von der Volksversammlung, sondern von dem Moskauschen Volkshaufen erfolgt. Es gingen aber in jenen durch Kriege und Kämpfe aller Art ausgezeichneten Zeiten nicht allein die politischen Volksrechte verloren, es bot sich auch nicht die Gelegenheit zu Selbstverwaltungsansätzen, welche Frieden, einen gewissen Wohlstand und individuelle Freiheit zur Voraussetzung haben. Auch in der kaiserlichen Epoche hat sich das Volk nicht selbst verwaltet, es ist stets administriert worden. Von Peter dem Gr. ab sehen wir das russische Reich in beständige, nur durch verhältnissmässig kurze Pausen unterbrochene Kriege verwickelt, welchen die Tendenz der Reichsvergrösserung innewohnt, und noch heutigen Tages, wo es zu einem von den Gestaden der Ostsee bis an den Stillen Ocean sich erstreckenden Kaiserreich geworden, hat sich sein Expansionsbedürfniss nicht gemindert. Es will bis nach Indien vordringen, betrachtet Persien und die Türkei als eine ihm von rechtswegen zugehörige Beute, hat die allslavische Fahne gehisst und meint die österreichischen, wie die Balkan-Slaven in den Bereich seiner Interessen ziehen zu können. Diese grossen, dem Triebe nach territorialer Vergrösserung dienenden Anstrengungen haben des Staates Krafte so sehr in Anspruch nehmen müssen, dass für dessen inneren Ausbau nicht viele übrig blieben. Er ist daher auch nicht im Stande gewesen, die zahlreichen durch äussere Gewalt gewonnenen fremden Gebietstheile durch gemeinsame Arbeit mit sich verwachsen zu lassen, wozu vor allen Dingen erforderlich gewesen wäre, dass sein eigenes inneres Leben eine Gestaltung gehabt oder erhalten hätte, welche das hervorzubringen geeignet ist, was man mit dem Begriffe eigener Kultur zu bezeichnen pflegt; ja er hat auch nicht verstanden, die höhere Kultur mancher mit ihm vereinigten Gebietstheile, wie Polen, Finnland und die drei Ostseeprovinzen in fruchtbarer Weise für den Kern des Staates, das Grossrussenthum, zu verwerthen. Wie die äussere Erwerbung durch Gewalt erfolgte, soll auch die innere Assimilirung vor sich gehen, auf mechanischem Wege, durch herostratisches Vernichten dessen, was man nachzubilden nicht vermag. Auf Einzelheiten kann hier nicht eingegangen werden, sie würden über den Rahmen unserer Aufgabe hinausgehen, erwähnt sei aber, dass der russische Staat nicht nur selbst sich nicht getraut, seinem endlich von der Leibeigenschaft befreiten Volke die Glaubensfreiheit zu gewähren, sondern dieses natürlichste Recht des Menschen auch denjenigen seiner Unterthanen geraubt hat, welche es besassen und bei ihrer Unterwerfung von ihm feierlichst zugesichert erhielten. Wie die Eroberungspolitik nach Aussen, so resorbirt die Vernichtungspolitik im Innern so viele Kräfte, dass für die Schaffung einer segensreichen Selbstverwaltung nur zu wenige frei sind. Allerdings hat Alexander II. einen ernsten Versuch in dieser Richtung gemacht, er ist aber nicht weiter entwickelt, erfuhr vielmehr unter Alexander III. eine Rückbildung, als dieser Herrscher die Selbstverwaltungskörper dem Beamtenthum überlieferte. So ist denn in dem ersten Stadium der den Volksinteressen günstigen Entwickelung wieder ein Stillstand eingetreten. Befindet sich sonach die Selbstverwaltung im russischen Reich noch in den ersten embryonalen Anfängen, so ist von politischen Volksrechten gar keine Rede und kann auch keine Rede sein. Dieses grosse Reich mit seiner heterogenen Bevölkerung bedarf allerdings einer Decentralisation auf dem Gebiete der Verwaltung, eine Theilnahme des Volkes an der Regierung dagegen vertrüge es nicht; nur durch die absolute Gewalt des Herrschers vermag es zusammengehalten zu werden. Darum treten auch die Slavophilen für die Erhaltung der Selbstherrschaft ein und bekämpfen die Gedanken einer Repräsentativverfassung nach europäischem Muster, der gelegentlich hervorgetreten ist und wohl heute noch in manchen unruhigen Köpfen spukt, in ernsten politischen Kreisen jedoch kaum erwogen wird. Die genannte Partei strebt aber eine wirkliche Selbstverwaltung an, eine radikale Befreiung von der Beamtenherrschaft und Willkür. Darin kann man ihr beistimmen, ohne zugleich ihren Irrthum oder ihre pia fraus zu theilen, dass das russische Volk in alter Zeit eine weitgehende, von Peter d. Gr. beseitigte Selbstverwaltung geübt habe. Nach ihrer Lehre widerstrebt dem Volke geradezu jede politische Bethätigung, doch aber tritt sie dafür ein, dass eine Volksversammlung mit der Befugniss gutachtlicher Aeusserung in politischen Fragen geschaffen würde. Eine Inkonsequenz, welcher übrigens mehrfache Bedenken entgegenstehen. Das blosse Recht des Mitrathens ohne das Mitthaten ist nicht geeignet, das Interesse der dazu Berufenen auf die Dauer zu fesseln oder führt, wenn es doch geschieht, unbedingt zum Kampf um eine Rechtserweiterung. Ausserdem aber ist es schwer erfindlich, wie bei den gegenwärtigen Zuständen im grossen Reich jene Volksversammlung beschaffen sein soll. Dem Bauernstande fehlt die nöthige Bildung und Reife, einen Bürgerstand giebt es nicht, der Kaufmannsstand ist zum Theil gleichfalls höchst ungebildet, zum anderen Theil vollkommen unberührt von dem Interesse an den Fragen des öffentlichen Lebens Es bliebe nur der Adel und die sog. Intelligenz, zu welcher die meist höchst mangelhaft gebildete Geistlichkeit nicht gerechnet werden kann. Diese Intelligenz endlich ist das Beamtenthum, also dasjenige Element, gegen welches die Reformidee der Slavophilen gerichtet ist. Wenn somit der Adel als ein brauchbarer politischer Faktor nachbliebe, muss doch dieser, als nicht geeignet zur Vertretung des ganzen Volkes, bezeichnet werden, abgesehen davon, dass dieser Stand auch nur wenige unabhängige

Leute mehr besitzt, da er zum grossen Theile, seiner materiellen Lage wegen, die Reihen der Beamtenschaft füllt. Es fehlt zur Zeit noch an der Unterlage für jede, gleichviel wie konstruirte Volksvertretung, und sie wird erst dann vorhanden sein, wenn durch langjährige gemeinsame Selbstverwaltungsarbeit im Kleinen die einzelnen Stände und Volksklassen sich einander werden genähert und zu Gruppen mit gemeinsamen Interessen verschmolzen haben. Diese Darlegung der politischen Rechtslage des russischen Volkes und seiner Entwickelung führt uns zu dem Ergebniss, dass dasselbe zur Zeit der absoluten Herrschaft des Kaisers kaum schon entrathen kann.

§ 18. Die Gliederung der Bevölkerung nach Staatszugehörigkeit und Abstammung.

Das Gesetz unterscheidet zwischen Unterthanen (подданные) und Ausländern (иностранцы). Die ersteren bestehen wiederum aus zwei mit verschiedenen Rechten ausgestatteten Gruppen:

a) Die eigentlichen Unterthanen (природные подданные). Das sind diejenigen Personen, welche einem der vier Stände (Adel, Geistlichkeit, Stadt- und Landbewohner) angehören, und

b) die Unterthanen fremden Stammes (инородцы). Es sind das die Bewohner des asiatischen Russland, die im Gouvernement Stawropol nomadisirenden Stämme und endlich — die Juden. *)

---

*) Eine Darstellung der den „Unterthanen fremden Stammes" zustehenden Rechte, sowie ihrer Organisation, muss als zu weit führend fortbleiben; nur die rechtliche Stellung der Juden wird an anderer Stelle (§ 29) zu berühren sein

§ 19. Erwerb und Verlust der Unterthanschaft.

Erworben wird die Unterthanschaft:

1. Durch Geburt. Jedes legitime Kind eines russischen Unterthans erwirbt, gleichviel wo die Geburt erfolgt, die russische Unterthanschaft. Für ausserehеliche Kinder ist die Staatszugehörigkeit der Mutter massgebend.

2. Durch Eingehung einer Ehe. Die Ausländerin, welche die Ehe mit einem russischen Unterthan eingeht, tritt damit in die russische Unterthanschaft. Dem in die russische Unterthanschaft eintretenden Ausländer folgt dessen Ehefrau ipso jure. Wittwen und geschiedene Frauen bewahren die Staatszugehörigkeit des Mannes.

3. Durch Naturalisation. Mit Ausnahme von Derwischen, Juden und verheiratheten Ausländerinnen, die selbstständig, also ohne ihre Männer darum nachsuchen sollten, können fremde Staatsangehörige in Russland naturalisirt werden. Als Voraussetzung gilt, dass sie 5 Jahre in Russland gelebt haben. Hiervon ist der Minister des Innern jedoch berechtigt, diejenigen Personen zu liberiren, welche dem russischen Reiche besondere Dienste geleistet haben, oder sich durch hervorragende Talente oder wissenschaftliche Kenntnisse hervorthaten, oder ansehnliche Kapitalien in gemeinnützige russische Unternehmungen steckten. Ausserdem können im russischen Militär- oder Civildienst befindliche Ausländer und Geistliche fremder Bekenntnisse, welche das Ministerium des Innern zum Dienst nach Russland berufen hatte, falls sie es wünschen sollten, zu jeder Zeit nach Ermessen ihrer unmittelbaren Dienstobrigkeit in den Unterthaneneid genommen werden. Endlich haben die in Russland geborenen und erzogenen Kinder von Ausländern und ebenso die im Auslande geborenen Kinder derselben, falls sie eine höhere oder mittlere russische Schule absolvirten, das Recht, innerhalb eines Jahres, gerechnet vom Zeitpunkt der Mündigkeit, sowohl den russischen Unterthaneneid zu leisten, als auch in den russischen Staatsdienst zu treten. Wer von denselben es

unterliess, in angegebener Frist von einem dieser beiden Rechte Gebrauch zu machen, kann später die Unterthanschaft nur auf Grundlage der allgemein hierfür geltenden Bestimmungen erwerben.

Das Gesuch um Naturalisation ist an den Minister des Innern zu richten und muss Angaben darüber enthalten, wo der Antragsteller früher seinen Wohnsitz hatte und welchem Stande er zugeschrieben zu werden beansprucht. Beizufügen sind a) ein Zeugniss über 5jährigen Aufenthalt im Reiche, b) ein nach der in seiner Heimath üblichen Form ausgestelltes Standeszeugniss und c) eine Bescheinigung über die Ableistung der Wehrpflicht im Heimathlande, falls dieses zu denjenigen Staaten gehört, mit denen Russland einen Vertrag auf Auslieferung Wehrpflichtiger abgeschlossen hat. Es ist dem Ermessen des Ministers vollkommen anheimgegeben, ob er ein derartiges Naturalisationsgesuch berücksichtigen will oder nicht.

Die Aufnahme erfolgt durch Leistung des Unterthaneneides,*) welche in der Session der Gouvernements-Verwaltung stattfindet. Dem so Aufgenommenen ertheilt der Gouverneur eine Bescheinigung über seine Zugehörigkeit zu dem russischen Unterthanenverbande.

Das Gesetz kennt einen Unterschied zwischen geborenen und naturalisirten Unterthanen nicht, und darum erwerben die letzteren mit der Naturalisation alle diejenigen Rechte, welche der Stand dem sie zugeschrieben worden, mit sich bringt. Diese Standesrechte gelten nur der Person und ihren nach dem Eintritt in den Staatsverband geborenen Kindern, während die früheren, seien sie minderjährig oder volljährig, als russische Unterthanen nicht betrachtet werden. Den minderjährigen Kindern steht es übrigens zu, nach erlangter Volljährigkeit von den oben unter 3 aufgezählten, die Aufnahme erleichternden Vergünstigungen Gebrauch zu machen.

4. Durch formlose Wiederaufnahme. Eine Russin, welche

---

*) Der Wortlaut desselben ist im Anhang I wiedergegeben.

in die Ehe mit einem Ausländer tritt, erwirbt damit dessen Staatszugehörigkeit. Ihre russische Unterthanschaft wird vom Gesetz als latent betrachtet, denn dasselbe bestimmt, dass sie als Wittwe nur dem Gouverneur desjenigen Gouvernements, in welchem sie ihren Wohnsitz nimmt, den Nachweis ihrer Wittwenschaft zu liefern braucht und damit wieder als russische Staatsangehörige zu gelten hat.

Verlust der Unterthanschaft. Mit der russischen Unterthanschaft ist eine Art Schollenpflichtigkeit verbunden, da das Gesetz einen Austritt aus derselben nicht kennt. Der russische Unterthan, welcher in einen fremden Staatsverband tritt, wird mit dem Verlust aller Standesrechte und ewiger Verbannung aus Russland bedroht. Im Falle der Rückkehr trifft ihn die Strafe der Ansiedlung in Sibirien. Wer „eigenmächtig" länger als 5 Jahre im Auslande verweilt, gilt als verschollen, über sein Vermögen wird eine Kuratel eingesetzt. Der einzige, im Gesetz indessen nicht angedeutete Weg der Entlassung aus der Unterthanschaft, ist die Anrufung der Alllerhöchsten Gnade, ein Weg, welcher in der letzten Zeit meist mit Erfolg beschritten worden ist.*)

§ 20. **Die Rechte der Unterthanen.**

Einer späteren Darstellung (§ 30) bleiben die den einzelnen Unterthanen, je nach ihrer Zugehörigkeit zu einem der Stände zustehenden Standesrechte vorbehalten. Hier handelt es sich um die allen gleichmässig durch ihre Staatszugehörigkeit vom Gesetz gewährleisteten Rechte, welche, wie wir sehen werden, durch eine solche Menge von Ausnahmen eingeschränkt sind, dass der Rest von nur geringer Bedeutung ist.

---

*) Der Entwurf eines neuen, die Aufnahme in die Unterthanschaft und die Entlassung aus derselben regelnden Gesetzes ist bereits ausgearbeitet, aber noch nicht zum Gesetz geworden.

§ 21. **Das Recht der persönlichen Freiheit.**

Diese Grundbedingung aller Kulturentwickelung ist durch die Aufhebung der Leibeigenschaft seit dem 19. Februar 1861 für das ganze Reich gewährleistet, soweit es sich um den Schutz der persönlichen Freiheit eines Unterthans gegenüber Angriffen auf dieselbe durch eine andere Privatperson handelt. Die persönliche Freiheit des Individuums bedarf jedoch zugleich eines gesetzlichen Schutzes vor willkürlichen Attentaten des Staates und seiner Organe. In dieser Hinsicht bietet das Gesetz keine genügende Garantie. Zwar setzt dasselbe fest, dass Niemand ohne gerichtliches Urtheil dem Verlust oder auch nur der Beschränkung seiner Standesrechte unterliegen konne, und dass ferner Keiner für Vergehen oder Verbrechen anders, als auf Grundlage der Regeln des Strafprozesses gerichtlicher Verantwortung zu unterziehen sei, Bestimmungen, welche zu der ungerechtfertigten Annahme verleiten, dass die Auferlegung von Freiheitsstrafen durch die Verwaltungsbehörden ausgeschlossen sei. Auch in anderen Staaten wird die Beahndung geringfügiger Gesetzesverletzungen den Verwaltungsbehörden überlassen, aber zugleich steht dann dem Verurtheilten die Anrufung grössere Gewähr bietender, richterlicher Entscheidung zu. Eine derartige Anrufung des Richters kennt das russische Recht nicht und schützt somit in ungenügender Weise vor administrativer Willkür. Der Grundsatz von der persönlichen Freiheit wird besonders von dem Gesetz über den Schutz der staatlichen Ordnung und der öffentlichen Ruhe (Положсніе о мѣрахъ къ охраненію государственнаго порядка и общественнаго спокойствія) durchbrochen. Dieses am 14. August 1881 erlassene, dem Statut über Verhinderung und Verhütung von Verbrechen (Сводъ уставовъ о предупрежденіи и пресѣченіи преступленій) einverleibte Gesetz ist ursprünglich als eine staatliche Kampfesmassregel wider die subversiven nihilistischen Tendenzen des jungen Russland zu wirken bestimmt gewesen und hat den Charakter von Ausnahmemassregeln, welche zeitweilig in denjenigen Gegenden oder Ortschaften des Reiches zur Geltung gelangen sollen, wo die ordentliche Gesetzgebung zum Schutz der Staatsordnung nicht ausreicht. Je nach dieser drohenden Gefahr, kann der verstärkte Schutz (усиленная охрана) oder der ausserordentliche Schutz (чрезвычайная охрана) angeordnet werden, welche den General-Gouverneuren, den Gouverneuren und Polizeibehörden weitgehende Vollmachten und Strafbefugnisse ertheilen, wie z. B. das Recht, Verordnungen zu erlassen und deren Uebertretung mit einem Arrest bis zu drei Monaten oder einer Geldstrafe bis 500 Rbl. zu beahnden, Handels- und Gewerbeanstalten nach ihrem Gutdünken zu schliessen, gewisse Strafsachen an das Kriegsgericht zu überweisen, die Oeffentlichkeit des Verfahrens in den ordentlichen Gerichten einzuschränken, die Dienstentlassung von Beamten der Stadt- und Landschaftsverwaltungen zu verlangen, zu jeder Zeit und überall Haussuchungen vornehmen zu lassen u. s. w. Den verstärkten Schutz sind der Minister des Innern und die General-Gouverneure, vorbehältlich der ministeriellen Bestätigung, zu verhängen befugt. Der Minister hat über die getroffenen Massnahmen durch den Ministerkomité dem Kaiser zu berichten. Der ausserordentliche Schutz darf nur mittelst Allerhöchst bestätigten Ministerkomitébeschlusses verfügt werden. Nach Ablauf eines Jahres, gerechnet vom Tage der Verhängung des verstärkten Schutzes, und eines halben Jahres, gerechnet vom Tage der Verhängung des ausserordentlichen, ist der Minister des Innern verpflichtet über eine etwaige Verlängerung dieser Massregeln dem Ministerkomité Vorstellung zu machen. So wenig sich gegen eine derartige Sicherung, welche auch anderen Staaten in der Form des kleinen und grossen Belagerungszustandes nicht fremd ist, einwenden lässt, ist man in Russland über das Bedürfniss einer durch besondere Umstände erforderlich gewordenen vorübergehenden Suspension der persönlichen Freiheit des Einzelnen hinausgegangen, indem die jenen Ausnahmegesetzen entlehnten Bestimmungen über die administrative Verbannung auf das ganze Reich, also auch auf die Gebiete desselben ausgedehnt wurden, welche weder unter dem verstärkten noch unter dem ausserordentlichen Schutz sich befinden. Darnach kann der Minister des Innern von sich aus, nach Prüfung des Beschlusses einer besonderen Kommission,*) jede „der staatlichen und öffentlichen Ruhe schädliche" Person an irgend einen Ort des europäischen oder asiatischen Russland auf die Dauer von fünf Jahren verbannen und daselbst unter die mit den grössten Unzuträglichkeiten und weiteren Rechtsbeschränkungen verbundene polizeiliche Aufsicht stellen. Gegen eine derartige Verfügung giebt es kein Rechtsmittel. Indem wir uns des eigenen Urtheils über dieses zum Hausinventar der russischen Administration gewordene Gesetz und seine Handhabung enthalten, sei hier angeführt, was die angesehenste russische Monatsschrift, der „Europäische Bote", im Januarheft 1899 darüber sagt. Es heisst daselbst: „Man nahm an, es werde das Gesetz nur kurze Zeit in Geltung sein. Dem Minister des Innern wurde aufgetragen, die geltenden Bestimmungen über die administrative Verbannung einer Revision zu unterziehen. Ob damit begonnen worden, weiss man nicht, jedenfalls ist diese Revision nicht beendet. Es ist das einer von den Fällen, wo Ausnahmemassregeln zu ihrer Rechtfertigung als nur vorübergehend bezeichnet werden, aber thatsächlich sehr lange, ja oft länger als ordinäre Gesetze in Geltung bleiben. Eine derartige, ausserhalb des gesetzlichen Rahmens befindliche Verordnung wird dann noch durch weitere Interpretationen ausgedehnt und verdrängt den gesetzlichen Zustand immer mehr und mehr. Wo dieser vorhanden, ist der Staatsbürger wenigstens darin sicher, dass er einer Rechtsbeschränkung und Verantwortung nur für im Gesetz vorgesehene Handlungen oder Unterlassungen unterzogen werden kann. Diese Sicherheit fehlt in Russland, es fehlt also die Hauptbedingung einer ordnungsgemässen staatsbürgerlichen

*) Diese Kommission besteht aus dem mit Leitung der Staatspolizei betrauten Gehülfen des Ministers und je zwei Beamten der Ministerien des Innern und der Justiz

Existenz. Von zwangsweisem Wechsel des Wohnsitzes ist auch bedroht, wer sich keiner Schuld bewusst ist. Je mehr die Vertheidigungsmittel eingeengt sind, um so leichter kann auch eine Angelegenheit, der jede politische Unterlage fehlt, unter dieses Gesetz subsumirt werden. Ganze Gruppen friedlich ihrer Arbeit nachgehender Bürger, die nur durch Gemeinsamkeit sittlicher Anschauungen verbunden sind, können auf diese Weise in eine Lage versetzt werden, wo der blosse Unterhalt des Lebens erschwert wird."

Und an anderer Stelle: „Diese Verordnung gehört in den Bereich derjenigen ausserordentlichen Massregeln, welche, wenn sie die Ursachen, die sie ins Leben riefen, überdauern, zwei Verfahren neben einander hinstellen — ein gesetzliches und ein aussergesetzliches. Als Ausnahmen sind solche Bestimmungen eng zu interpretiren und anzuwenden. Auf Personen, welche keine widergesetzlichen politischen Ziele verfolgten, sind sie nur insoweit anwendbar, als deren Handlungen und Unterlassungen *gegen* ihren Willen politischen Verbrechen Vorschub leisten könnten. Trotzdem wurde die Verordnung bald zum formellen Stützpunkt für den Erlass solcher Normativbestimmungen, welche nichts gemein hatten mit dem Schutz der Staatsordnung und allgemeinen Ruhe, und fanden auf Personen Anwendung, die weder direkt noch indirekt gegen die Forderungen der höheren politischen Polizei verstiessen."

Die Unverletzlichkeit der Vermögensrechte.

§ 22. Dieselbe wird vom Gesetz insofern unbedingt gewährleistet, als ein Verlust der Vermögensrechte nur in Folge gerichtlichen Urtheiles eintreten kann, z. B. im Falle strafrechtlicher Entziehung aller Standesrechte oder Verweisung zur Ansiedelung. In solchem Falle erfolgt jedoch keine Konfiskation des Vermögens, sondern dasselbe geht auf die berufenen Erben des Bestraften über, als wäre derselbe mit Tode abgegangen. Eine Konfiskation findet als Nebenstrafe nur bei Hoch- und Landesverrath und in einigen anderen vom Strafgesetz vorgesehenen Fällen statt. Die staatliche Enteignung unbeweglichen Eigenthums kann nur mittelst eines Gesetzes angeordnet werden *) Dass übrigens empfindliche Vermögensschädigungen mit dem Verbot des Aufenthaltes an bestimmten Orten sowie mit der administrativen Verbannung, endlich mit der Schliessung von Handels und Gewerbeanstalten (s. § 21) verbunden sein können, ja in den meisten Fällen verbunden sind, ist selbstverständlich.

Das Recht des freien Gewerbebetriebes.

§ 23. Im Allgemeinen darf jeder Bewohner des russischen Reiches, also auch der Ausländer, jeder Art Gewerbe unter Beobachtung der besonderen Steuergesetze und sonstigen Verordnungen betreiben. Für gewisse Personen (Juden, Angehörige einiger Sekten, griechisch-katholische, römisch-katholische und protestantische Geistliche) bestehen einzelne den Gewerbebetrieb einschränkende Bestimmungen. Ausserdem aber bedarf es zur Betreibung manchen Gewerbes besonderer obrigkeitlicher Genehmigung, die nicht ertheilt zu werden braucht und vielfach widerruflich ist. Hierher gehören namentlich die mit der Verbreitung von Geisteserzeugnissen im Zusammenhang stehenden Gewerbe, wie z. B. Betreibung einer Druckerei, Lithographie oder sonstigen Vervielfältigungsanstalt, Herausgabe einer Zeitschrift, Errichtung einer Leihbibliothek oder eines Lesekabinets u. s. w. Alle derartige Beschäftigungen will der russische Staat nur von politisch besonders vertrauenswerthen Personen ausgeübt wissen und darum behält er sich vor, die Genehmigung zu ertheilen oder zu verweigern.

---

*) Zwangsenteignungen erfolgen gemäss Art. 576 Bd. X Th. I des Reichsgesetzbuches, auf Vorstellung des Reichsraths durch einen namentlichen, Allerhöchsten Befehl. Bei Eisenbahnbauten ist ein besonderer Enteignungsweg vorgeschrieben.

Das Recht der Freizügigkeit.

§ 24. Das am 3. Juni 1894 Allerh. bestätigte Passreglement (Положеніе о видахъ на жительство) unterscheidet zwischen einer Veränderung des Wohnortes und zeitweiligem Verlassen desselben. Es gilt der Grundsatz, dass alle russischen Unterthanen befugt sind, ihren Wohnort frei zu wählen und demnach auch denselben nach Belieben zu wechseln. Diese Befugniss ist für die Personen sog. steuerpflichtigen Standes, (Kleinbürger, Handwerker, Glieder von Landgemeinden) davon abhängig, dass sie von ihrer bisherigen Zugehörigkeitsgemeinde entlassen werden, was nur geschieht, wenn sie mit ihren Steuern nicht im Rückstande sind. Der obige Grundsatz der freien Wahl des Wohnortes gilt nicht für die Juden, welche, wie weiter unten (§ 29) ausgeführt werden wird, der Regel nach, nur in bestimmten Theilen des Reiches wohnhaft sein dürfen. In ähnlicher Weise sind auch einige vom Gesetz als „besonders gefährlich" bezeichnete Sekten auf bestimmte Territorien, in denen sie wohnen dürfen, angewiesen. Endlich kann das Recht der Freizügigkeit von der Verwaltung für Jedermann illusorisch gemacht werden, da ihr, wie wir sahen, die diskretionäre Gewalt der Ausweisung und Wohnortsanweisung ertheilt ist. Die zeitweilige Entfernung vom Wohnsitz ist durch das Passreglement vom 3. Juni 1894 für die sog. steuerpflichtigen Stände wesentlich erleichtert worden, indem sie gegenwärtig Passbücher für die Dauer von 5 Jahren erhalten und ausserdem in einem von der Grenze des Kreises, in welchem sie leben, 50 Werst betragenden Rayon auch ohne besondere Legitimation sich frei bewegen dürfen. Personen privilegirten Standes, wie Edelleute, Geistliche, Ehrenbürger erhalten ein Passbuch für Lebenszeit.

Das Recht der Glaubens- und Kultusfreiheit.

§ 25. Das Statut über „Verhütung und Verhinderung von Verbrechen" und das Strafgesetzbuch sind die Quellen, aus welchen geschöpft werden muss, um zu erkennen, welches Mass von Glaubens- und Kultusfreiheit der russische Staat seinen Bewohnern gewährt. Die Art. 36, 65 und 70 des ersteren lauten:

„Der vornehmste (первенствующая) und herrschende Glaube im Reich ist das christliche, rechtgläubige katholisch-orientalische Bekenntniss. Doch auch alle nicht zur herrschenden Kirche gehörigen Unterthanen, die als solche geborenen, wie die in den Unterthanenverband aufgenommenen, ebenso Ausländer, welche in russischem Dienste stehen, oder sich nur vorübergehend in Russland aufhalten, geniessen allenthalben freie Ausübung des Glaubens und Gottesdienstes nach dem Ritus ihres Bekenntnisses; diese Glaubensfreiheit wird nicht allein den Christen ausländischen Bekenntnisses, sondern auch den Juden, Mohammedanern und Heiden zu eigen gemacht (присвояется)“, (Art. 65 l. c.).*) —

„Einzig und allein die herrschende Kirche ist berechtigt innerhalb den Reichsgrenzen die ihr nicht angehörenden Unterthanen zur Annahme ihrer Glaubenslehre zu bewegen (убѣждать). Doch dieser Glaube wird durch Gottes Gnade geboren, durch Belehrung, Sanftmuth und vor allen Dingen durch gutes Beispiel. Darum gestattet sich die herrschende Kirche nicht den geringsten Zwang bei Bekehrung der Anhänger anderer Bekenntnisse zur Rechtgläubigkeit und bedroht, dem Vorbilde der Apostel folgend, in keiner Weise diejenigen, welche ihr beizutreten nicht wünschen“. (Art. 70 l. c.). —

„Sowohl den im rechtgläubigen Bekenntniss Geborenen, als auch denjenigen, welche von anderen Bekenntnissen zu demselben übertreten, wird von ihm abzufallen und einen anderen Glauben, sei es auch ein christlicher, anzunehmen verboten“. (Art. 36 l. c.)

---

*) Die Art 40, 44 und 45 der Reichsgrundgesetze enthalten die gleichen Festsetzungen.

Aus den vorstehenden Bestimmungen, welche die Stellung des Staates zur Kirche und zur individuellen religiösen Freiheit in genauester Weise kennzeichnen, ergiebt sich Folgendes:

a) die katholisch-orientalische Kirche ist die herrschende, sie ist Staatsreligion;

b) alle anderen christlichen Bekenntnisse werden als „ausländische, somit als fremde, nicht russische, gleichsam nur geduldete, hingestellt;*)

c) der Uebertritt zur herrschenden Kirche ist gestattet und darf durch Belehrung (Propaganda) gefördert werden, der Abfall von ihr ist verboten.

Die angeführten Gesetze enthalten nur die grundlegenden Bestimmungen, es giebt ausserdem noch eine ganze Reihe, welche den Zweck verfolgen, die herrschende Kirche nicht nur zu schützen, sondern ihr zum äusseren Wachsthum zu verhelfen und die nur geduldeten Bekenntnisse ihre Rechtlosigkeit fühlen zu lassen. Diese Aufgabe erfüllt das Strafgesetzbuch, welches mit Gefängnissstrafe bis zu vier Monaten Denjenigen bedroht, welcher dem beabsichtigten Uebertritte eines Glaubensgenossen zur herrschenden Kirche „Hindernisse in den Weg legt“. Als konsumirt ist dieses Vergehen von der Rechtsprechung oft schon bezeichnet worden, wenn nur eine Ermahnung des Geistlichen oder eine Darlegung der Unterscheidungslehren erfolgt war! Hingegen wird die Verführung zum Uebertritte von dem griechisch-katholischen zu einem anderen christlichen Bekenntnisse mit Entziehung gewisser Standesrechte und Verweisung nach Sibirien bestraft. Hier ist dem Begriffe „Verführung“ ein unheimlich weiter Spielraum gelassen. Die den ausländischen Bekenntnissen zugewiesene Stellung tritt endlich noch in den Gesetzen über Mischehen

*) Der Ausländer ist in jedem Staate nur geduldet, er kann zu jeder Zeit ausgewiesen werden. Darum ist die Bezeichnung „ausländisches Bekenntniss“ charakteristisch. Man begegnet übrigens auch häufig der Bezeichnung: „Geduldete Bekenntnisse“.

zu Tage, welche bestimmen, dass. wenn ein Theil der Ehegatten der herrschenden Kirche angehört, dieser die in der Ehe erzeugten Kinder unbedingt zuzufallen haben. Eine solche Mischehe darf nur in der herrschenden Kirche vollzogen werden, welche die Trauung nur dann ausführt, wenn der dem ausländischen Bekenntnisse angehörende Theil durch eine Verbindungsschrift seine zukünftigen Kinder der herrschenden Kirche verschreibt. Auf die übrigen rigorosen, der Bindung des Gewissens durch die weltliche Gewalt dienenden Gesetze und Strafandrohungen soll hier nicht näher eingegangen werden, zumal das Ausgeführte genügen dürfte, um zu erkennen, wie es in Russland mit der Glaubensfreiheit bestellt ist. In gewissem Sinne ist übrigens eine bedingte Glaubensfreiheit, so sonderbar das erscheinen mag, den Bekennern der ausländischen Bekenntnisse gewährt, während die Angehörigen der herrschenden Kirche an diese gefesselt sind, wie der Leibeigene an den Herrn, der Schollenpflichtige an die Scholle. Sie allein befinden sich in absoluter Geistesknechtschaft, denn den nicht „rechtgläubigen“ Christen ist zwar der Uebertritt zu einem nicht christlichen Bekenntnisse untersagt, aber innerhalb der christlichen Gemeinschaften dürfen sie (wenn auch nur nach eingeholter Genehmigung des Ministers des Innern!) dem Glaubenswechsel durch Uebertritt Ausdruck geben, wogegen der zum Verbande der herrschenden Kirche Zählende, mag er auch innerlich ihr längst nicht mehr angehören, unentwegt ihre Lehre zu theilen heucheln muss.

Wie entwürdigend dieser Zustand für die Kirche selbst ist, wie wenig er dem Recht des Menschen, seine Beziehungen zu Gott der eigenen Ueberzeugung gemäss zu gestalten, entspricht, das empfinden aufrichtige rechtgläubige Russen tief und schmerzlich. Wiederholt ist von ihnen darauf hingewiesen, oft schon die Gewährung der Gewissensfreiheit gefordert worden — immer vergeblich. Möge hier zur Kennzeichnung der auf dem religiösen Gebiete herrschenden Zustände und ihrer Beurtheilung durch wahrhafte russische Patrioten eine

Stelle finden, was Iwan Akssakow über diesen Gegenstand geschrieben hat: *)

„Die staatliche Fürsorge hinsichtlich des rechten Glaubens begegnet dem Russen beinahe von seiner Geburt ab; sie verlässt ihn sein ganzes Leben nicht und geleitet ihn bis an das Grab. Kaum hat das Kind sein siebentes Lebensjahr erreicht, wird es sogleich wieder**) zum Gegenstande rechtgläubiger Sorge der Staatsgewalt. Der Band XIV der Reichsgesetze verpflichtet die Eltern, Kinder beiderlei Geschlechts vom siebenten Jahre ab alljährlich zur Beichte zu bringen und zwar unter Strafandrohung, wobei die Aufsicht über die Erfüllung dieser „heiligen Pflicht" der Civil- und Militär-Obrigkeit der Eltern übertragen wird. Dasselbe Gesetz dehnt dann an anderer Stelle diese Verpflichtung auf die Erwachsenen aus. Jeder Rechtgläubige, — so lautet die Bestimmung — muss jährlich beichten und das heilige Abendmahl nach christlichem Ritus geniessen, sei es zu Ostern, sei es — wie das Polizeistatut nachsichtig hinzufügt — zu einer anderen Zeit. Den Civil- und Militär-Obrigkeiten wird ebenfalls aufgetragen, darüber zu wachen, dass diese heilige Pflicht von den ihnen Untergebenen erfüllt werde. Falls aber irgend Jemand, trotz der Ermahnungen der Obrigkeit oder des Geistlichen, zwei oder drei Jahre hindurch nicht zur Beichte und zum heiligen Mahle gegangen sein sollte, ordnet das bürgerliche Gesetz verschiedenartige Ermahnungen und Unterweisungen an, welcher der Schuldige seitens des Geistlichen und des Eparchialleiters zu unterziehen ist. Ohne sich darum zu kümmern, ob dem Fernbleibenden sein Gewissen die heilige Handlung mitzumachen gestattet oder nicht, besteht die Staatsgewalt unerbittlich auf Erfüllung der heiligen Pflicht". — — — „So wird

*) Zeitung Moskwa vom 19. April 1868, No. 14.

**) Die erste staatliche Fursorge gilt der Taufe des Kindes.

also das Gewissen des russischen Menschen sowohl daheim wie im Dienst, beständig durch die Fürsorge der Regierung um seine Rechtgläubigkeit geschützt. Natürlich verlangt die Staatsgewalt durchaus nicht, dass die Erfüllung der heiligen Pflicht mit der gehörigen Aufrichtigkeit erfolge; gleichviel ob aufrichtig oder unaufrichtig, — für sie ist das von Wichtigkeit, dass in der herrschenden Staatskirche die gleiche äussere Disziplin beobachtet werde wie in der Sphäre des bürgerlichen Lebens. Allerdings wird in letzgenannter Sphäre durch Beobachtung der äusseren Disziplin die ganze Aufgabe der staatlichen Ordnung erschöpft, während die Aufgaben auf dem kirchlichen Gebiete durchaus entgegengesetzt sind, voll und ganz auf den inneren Gehalt gerichtet, und nicht auf äussere Ordnung des kirchlichen Lebens: in der Kirche erzeugt nur der Geist Leben, der Buchstabe oder die Aeusserlichkeit tödtet, — bei uns werden, wie ersichtlich, beide Aufgaben vermengt".

Und an anderer Stelle heisst es:

„In Russland ist nur das russische Gewissen unfrei, — darum verkümmert der religiöse Gedanke, darum bürgert sich der Gräuel der Verödung an heiliger Stätte ein, der geistige Tod vertritt das geistige Leben, das Wort — des Geistes Schwert — vom Schwert des Staates beseitigt, rostet, und an der Kirche Schwelle stehen nicht die drohenden Engel Gottes, ihre Aus- und Eingänge bewachend, sondern Gendarmen, Stadttheilsaufseher, als Werkzeuge der Staatsgewalt — diese Wächter unserer russischen Seelenrettung, Wahrer der Dogmen der russischen rechtgläubigen Kirche, Beaufsichtiger und Leiter des russischen Gewissens."

Mit grellen, doch darum nicht minder der Wirklichkeit entsprechenden Farben wird uns hier ein Bild des religiösen Zustandes, der mangelnden Gewissens- und Bekenntnissfreiheit gezeichnet. — An anderer Stelle wurde darauf hingewiesen, dass der russische Staat es nicht verstanden habe, das eigengeartete Leben einzelner mit ihm durch den Gang der Geschichte verbundener Länder für sich zu verwerthen, der eigenen Entwickelung nutzbar zu machen, vielmehr, was er von ihnen verständiger Weise annehmen sollte, zu vernichten bestrebt ist. Das hat vollste Geltung auch auf den Grundsatz der Gewissensfreiheit. Nur im Grossfürstenthum Finnland wird sie noch anerkannt, während in Polen und in den Ostseeprovinzen heutigen Tages die russische religiöse Unfreiheit herrscht. In Polen trat noch Katharina II. für die Gewissensfreiheit ein und sicherte dieselbe den Dissidenten aller Bekenntnisse durch den am 24. Februar 1768 mit der polnischen Republik geschlossenen Vertrag; auch den nach der Theilung Polens Russland zugefallenen polnischen Landestheilen wurde durch wiederholte Erlasse volle Freiheit der Bekenntnisse zugesagt. Die Ostseeprovinzen endlich, haben einen zweifellosen Rechtsanspruch auf vollste religiöse Freiheit, der sich für Liv- und Estland auf die mit Peter d. Gr. vereinbarte Unterwerfungspakte, sowie den zwischen Russland und Schweden am 10. September 1721 abgeschlossenen Frieden von Nystadt gründet. Kurland aber, wo, als es an Russland kam, religiöse Freiheit herrschte, sicherte Katharina II. generell zu, dass seine Rechte nicht angetastet werden sollten. Indessen ist die Gräcisirung zum Staatsprinzip erhoben und alle Versuche genannter Provinzen, den Staat zu einer Anerkennung ihres Rechtes auf Gewissensfreiheit zu veranlassen, sind vergeblich gewesen. Das offizielle Russland vermag die Gewissens- von der Kultusfreiheit nicht zu unterscheiden und behauptet daher, die erstere sei allen Unterthanen in ausreichendem Maasse gewährleistet. Die religiöse Toleranz des russischen Staates charakterisirt sich u. A. auch dadurch, dass in einzelnen Gebieten die Bekleidung gewisser Aemter (z. B. im Eisenbahndienst) die Zugehörigkeit zur herrschenden Kirche voraussetzt, zwar nicht dem Gesetze gemäss, wohl aber auf Grund von Verordnungen.

Das Recht freier Meinungsäusserung.

§ 26. Wo der Staat sogar das religiöse Leben des Volkes reglementirt und leiten will, wo seine Polizeiorgane in das dem Menschen Heiligste, das Bekenntniss, sich zu mengen befugt sind, da kann ein weiter Spielraum für die Freiheit der Meinungsäusserung kaum erwartet werden.

Dieselbe in enge Grenzen zu halten ist die weitverzweigte Censurverwaltung bestimmt, welche unmittelbar vom Minister des Innern ressortirt. Ihrer Beaufsichtigung unterliegen alle Vervielfältigungsanstalten, der Buchhandel und jedes mit Drucksachen oder dem Zeitungswesen in Zusammenhang stehende Gewerbe. Sie ist getheilt in die auswärtige und innere Censur, je nachdem von ihr aus dem Auslande eingeführte oder im Reich hergestellte Geisteserzeugnisse geprüft werden. Ausserdem steht gewissen kirchlichen Organen noch die Ausübung einer die christliche Lehre im Allgemeinen und die Interessen der herrschenden Kirche speziell betreffende geistliche Censur zu.*) Seit Erlass des Censur-Reglements vom 6. April 1865 ist das System von einem gewissen Freiheitshauch berührt worden, indem festgesetzt wurde, dass einzelnen Tagesblättern das Recht zugestanden werden könne ohne Präventiv-Censur zu erscheinen und dass in den beiden Residenzen gedruckte Originalwerke im Umfange von mindestens 10 Druckbogen ihr nicht zu unterliegen haben. Zur Wahrung des dem Staate gebührenden Aufsichtsrechtes blieb der Verwaltung die Beschlagnahme vorbehalten, welche jedoch nicht anders als unter gleichzeitiger Anrufung der Gerichte erfolgen sollte. Durch Verordnungen vom Jahre 1872 und 1882 ist jedoch dieses Postulat wieder beseitigt worden, insofern als die Entscheidung über ein Verbot des beschlagnahmten Erzeugnisses,

*) Art. 4 des Censurreglements lautet: „Erzeugnisse der Literatur, Wissenschaft und Künste werden von der Censur verboten, falls in ihnen irgend etwas enthalten ist, was dahin neigt, die Lehre der rechtgläubigen Kirche, ihre Ueberlieferungen und Gebräuche oder überhaupt die Wahrheiten und Dogmen des christlichen Glaubens zu erschüttern."

falls nicht ein im Strafgesetzbuch vorgesehenes Vergehen vorliegt, den Gerichten entzogen und einem besonderen Komité (also der Administration) zugewiesen wurde.*) Dem Minister des Innern stehen ausserdem gegenüber den periodischen Zeitschriften noch sehr bedeutende Strafbefugnisse zu, welche sonderbarer Weise auch auf diejenigen Zeitungen und Zeitschriften Anwendung finden, die der Präventiv-Censur unterzogen waren und mit dem staatlichen „Imprimatur" ausgegeben wurden. Auch die Freiheit mündlicher Meinungsäusserung ist eine beschränkte, ein Versammlungsrecht giebt es nicht und öffentliche Vorträge, selbst solche wissenschaftlichen Charakters, können einer vorgängigen Durchsicht und demgemäss einer Beanstandung durch den Kurator des Lehrbezirkes unterzogen werden. Das Statut über Verhütung und Verhinderung von Verbrechen enthält die folgende, seinem Art. 103 angefügte Anmerkung: „Im Jahre 1788 erfolgte das Verbot, auf Börsen, in Klubs und Gastwirthschaften über politische Gegenstände oder militärische Massnahmen zu reden und ungehörige Auslassungen zu vermehren oder zu vergrössern."

Die Pflichten der Unterthanen.

§ 27. Als aus der Unterthanschaft sich ergebende Pflichten sind zu nennen: Achtung vor dem Gesetz, sowie Treue gegen Thron und Vaterland. Letztere wird nicht etwa erst durch den bei stattfindendem Thronwechsel zu leistenden Treueid begründet, sondern geht unmittelbar aus der Thatsache der Unterthanschaft hervor. Der Eid ist nur eine förmliche Anerkennung dieser Pflicht. Die Treue gegen Thron und Vaterland schliesst deren Vertheidigung mit dem eigenen Blut und Leben in sich und begründet die durch das Wehrgesetz geregelte Pflicht der Unterthanen zum Kriegsdienst.

Die Ausländer.

§ 28. Als Ausländer (иностранецъ) bezeichnet das Gesetz alle einem fremden Staatsverbande angehörigen Personen. Es

*) Zu diesem Komité gehören: die Minister des Innern, der Volksaufklärung, der Justiz und der Oberprokureur des H. Synods.

gewährt ihnen, gleich den russischen Unterthanen, Rechtsschutz, die Befugniss des Betreibens von Handel und Gewerbe und den Erwerb von Grundeigenthum im ganzen Reich mit folgenden Ausnahmen: In den 10 Gouvernements des Königreichs Polen, in den Gouvernements Bessarabien. Wilna, Witebsk, Wolynien, Grodno, Kiew, Kowno, Kurland, Livland, Minsk und Podolien dürfen gemäss dem Ukas vom 14. März 1887 Ausländer ausserhalb der Städte und Handelsniederlassungen mit städtischem Charakter weder Grundeigenthum erwerben noch solches irgendwie, sei es auf Grund von Pacht- oder Miethsrechten, nutzen. Diese Beschränkung bezieht sich auch auf ausländische Handels- und Erwerbsgesellschaften, selbst wenn ihnen gestattet sein sollte ihre Thätigkeit auf das russische Reich zu erstrecken. Ein Ausländer, welchem ein in den bezeichneten Gebieten belegenes Immobil auf dem Wege der Erbfolge anfällt, ist gehalten, dasselbe innerhalb der Frist von 3 Jahren einem russischen Staatsangehörigen zu verkaufen, widrigenfalls es auf seine Gefahr und Rechnung durch die Regierung zum öffentlichen Verkauf gelangt. — Die vorübergehende Miethe einer Wohnung, eines Hauses, einer Villa ist dem Ausländer nicht verwehrt. In den 10 Gouvernements des Königreichs Polen darf der Ausländer ausserhalb der Städte belegene Immobilien auch nicht als Vertreter oder Bevollmächtigter des Eigenthümers verwalten. Grundsätzlich ist Ausländern der Eintritt in das russische Reich offen, sofern sie einen von den russischen Botschaften, Gesandtschaften oder Konsulaten visirten Pass besitzen. Doch behält sich der Staat vor, sowohl einzelnen Personen, als auch ganzen Kategorien die Ueberschreitung der Grenze zu verwehren und können demnach die Botschaften u. s w. die Ausstellung des Visum verweigern.*) Ebenso kann der Staat dem Ausländer gegenüber

*) Das geschieht in der Regel gegenüber ausländischen Juden, welche in jedem einzelnen Falle einer besonderen Erlaubniss zur Betretung des Reiches bedürfen

jeder Zeit von der Ausweisungsbefugniss Gebrauch machen. Von der Theilnahme an gewissen den russischen Unterthanen gebührenden öffentlichen Rechten sind Ausländer ausgeschlossen. Weder fungiren sie als Geschworene, noch steht ihnen das Wahlrecht in den städtischen oder landschaftlichen Kommunal-Verwaltungen zu. Dagegen können sie unter Wahrung ihrer Staatszugehörigkeit manche Aemter im Staatsdienst bekleiden, namentlich im Kriegsdienst, auf dem Gebiete des Lehrfaches, der Kunst, im Bergwerkswesen u. s. w.

Es liegt in der Natur der Dinge, dass auch der Ausländer, so lange er sich innerhalb der russischen Reichsgrenzen befindet, den allgemeinen Staatsgesetzen unterworfen ist*) Also auch die kirchliche Gesetzgebung findet auf ihn Anwendung. Sollte er z. B. zur herrschenden Kirche übergetreten und hernach wieder von ihr abgefallen sein oder die Ehe mit einer zu diesem Bekenntniss gehörende Person geschlossen haben, so treffen ihn die sich an diese Thatsachen schliessenden Konsequenzen (Strafe für den Abfall von der herrschenden Kirche und Verpflichtung. seine Kinder in derselben zu erziehen), als wäre er russischer Unterthan, und es wäre die Berufung auf seine fremde Staatsangehörigkeit wirkungslos. Nur durch Verlassen des Staatsgebietes vermöchte er sich Massregelungen zu entziehen, würde aber bei etwaigem Wieder-

*) Ausgenommen sind alle diejenigen innerhalb des russischen Reiches sich aufhaltenden Ausländer, welchen gemäss völkerrechtlicher Uebung oder auf Grundlage abgeschlossener Staatsverträge das Recht der Exterritorialität (внѣземельность) zusteht. Zu dieser gehören fremde Monarchen oder Regenten, die diplomatischen Vertreter und Agenten auswärtiger Staaten nebst ihren Familien. Sowohl in Strafsachen, wie in bürgerlichen Rechtstreiten der Extorritorialen wird ein diplomatisches Verfahren durch das Ministerium der Auswärtigen Angelegenheiten eingeleitet. In den Wohnungen der diplomatischen Vertreter dürfen keine Haussuchungen oder Verhaftungen vorgenommen werden. Die Bediensteten genannter Personen unterliegen zwar den Straf- und bürgerlichen Gesetzen, doch erfolgt ihre Ladung vor Gericht durch Vermittelung des Ministers der Auswärtigen Angelegenheiten.

betreten von denselben ereilt werden. Zudem unterliegt der Abfall von der griech.-orthodoxen Kirche nach Art. 162 des Strafgesetzbuches als ein „ununterbrochen fortdauerndes Verbrechen“ keiner Verjährung.

Die Juden.*)

§ 29. Die Juden, welche zu den im russischen Reiche lebenden „fremden Volksstämmen“ gezählt werden, kann man als Unterthanen zweiter Klasse bezeichnen, weil ihnen alle Pflichten eines russischen Unterthans obliegen, während ihre Rechte wesentlich beschränkt sind. Selbst mit den Ausländern verglichen, befinden sie sich im Nachtheil. Das ist auch der Grund, warum ihnen in der systematischen Darstellung eine besondere Stellung nach den Ausländern zugewiesen werden musste. Während diese nur in bestimmten Reichstheilen keine Immobilien erwerben oder verwalten dürfen, sonst aber sich der Bewegungsfreiheit erfreuen, sind die Juden auf bestimmte Reichstheile angewiesen und mancherlei Rechtsbeschränkungen unterworfen. Hinsichtlich der Niederlassungsbefugniss gilt zu Recht:

1. Vollständige, unbeschränkte Befugniss der Niederlassung wird den Juden gewährt: in den 10 Gouvernements des früheren Königreichs Polen, im General-Gouvernement Wilna, in den Gouvernements Minsk, Wolynien, Podolien, Poltawa, Jekaterinoslaw, Tschernigow und Bessarabien.

2. Unter Beschränkungen dürfen sie sich niederlassen:

a) in den Gouvernements Witebsk und Mohilew. Hier sind ihnen nur die Städte freigegeben, auf dem flachen Lande

---

*) Von den Juden sind die „Karaimen“ zu unterscheiden. „Diese theilen nicht“ — wie es im Journal des mit der Judenfrage betrauten Komité vom Jahre 1855 heisst — „die talmudistischen Irrlehren, sondern nehmen nur das A. Testament zur religiösen Richtschnur und sind durch ihre Grundsätze und Arbeitsliebe bekannt.“ Die Karaimen geniessen daher alle Rechte der christlichen Unterthanen.

dagegen wird ihnen nur vorübergehender Aufenthalt auf Grund besonderer Erlaubnisscheine gewährt;

b) in den Gouvernements Cherson und Taurien (mit Ausnahme der Städte Nikolajew und Sewastopol, wo nur jüdische Ehrenbürger und Kaufleute der ersten und zweiten Gilde dauernd Aufenthalt nehmen dürfen);

c) im Gouvernement Kiew, mit Ausnahme der Gouvernementsstadt, wo das Niederlassungsrecht auf Kaufleute erster Gilde nebst den erforderlichen Handelsdienern und örtlich auf 2 Stadttheile beschränkt ist;

d) im Gouvernement Kurland und in der zu Livland gehörigen Stadt Schlock dürfen nur die bis zum Jahre 1835, in Riga (Gouv. Livland) nur die bis zum Jahre 1841 angeschriebenen Judenfamilien domiziliren.

Von allen diesen territorialen Beschränkungen sind die folgenden Kategorien frei:

1. Kaufleute erster Gilde, 2. Handwerker, 3. Juden, welche den wissenschaftlichen Grad eines Doktors oder Magisters besitzen, geprüfte Zahnärzte, Heilgehülfen u. dgl. m. Auch sonst sind die Juden auf dem Gebiete des öffentlichen Rechts in mannigfacher Hinsicht benachtheiligt. So enthält das Wehrpflichtgesetz einzelne für sie besonders onerose Bestimmungen, ferner wird ihre Betheiligung an der städtischen Kommunalverwaltung, ihr Recht des Besuches öffentlicher Lehranstalten, die Befugniss das Ehrenamt eines Geschworenen auszuüben prozentual begrenzt, und was die Landschaftsinstitutionen betrifft, sind sie von jeder Theilnahme (aktives oder passives Wahlrecht) ausgeschlossen. Endlich ist ihr Recht des Eintrittes in den Staatsdienst sehr wesentlich beschränkt, da er nur Doktoren der Medizin, Magistern und (innerhalb der Niederlassungsgebiete) Aerzten zusteht.

Das Privatrecht ist ebenfalls nicht frei von besonderen, die Juden benachtheiligenden Ausnahmebestimmungen. Wo sich dieselben nicht niederlassen dürfen, ist ihnen selbstverständlich auch der Erweıb von Grundeigentum nicht gestattet. Zu solchem waren sie dagegen in ihrem Ansiedelungsgebiete, abgesehen von einzelnen Ausnahmen, früher befugt. Doch auch dieses Recht hat seit dem polnischen Aufstande vom Jahre 1863 wesentliche Schmälerungen erfahren. So dürfen Juden gleich Personen polnischer Herkunft, im Westgebiet kein Grundeigenthum auf dem flachen Lande erwerben und falls ihnen ein solches oder ein ausserhalb des Ansiedelungsgebietes belegenes Immobil auf dem Wege der Erbfolge zufällt, sind sie gehalten, dasselbe innerhalb der Frist von 6 Monaten zu veräussern. Das Gleiche findet statt, falls ein ausländischer Jude ein gleichviel wo belegenes russisches Immobil erbt. Endlich wurde im Jahre 1882 eine als „zeitweilig" bezeichnete, aber in die Reichsgesetzgebung aufgenommene Verordnung erlassen, wonach überhaupt alle Kaufverträge und Darlehnsurkunden der Juden über nicht in Städten belegene Immobilien von der Eintragung in die Grundbücher auszuschliessen sind. Auch dürfen auf den Namen von Juden lautende Vollmachten und sonstige zur Verwaltung solcher Immobilien berechtigende Urkunden, wie z. B. Pachtverträge, nicht beglaubigt werden.

Die Eingehung einer Ehe mit Unterthanen rechtgläubiger oder römisch-katholischer Konfession ist den Juden untersagt und Christen dürfen sie nicht als Hausgesinde in Dienst nehmen.

Ausländischen Juden ist der Zuzug nach Russland ganz verschlossen und der vorübergehende Besuch desselben sehr erschwert. Letzterer kann nur mit besonderer Genehmigung des Ministers des Innern erfolgen, sofern es sich nicht um Banquiers und Leiter bedeutender Handelshäuser handelt, denen die zum Passvisum befugten Behörden auch von sich aus solche Genehmigung ertheilen dürfen. Das Niederlassungsverbot bezieht sich nicht:

a) auf von der Regierung berufene Rabbiner und Aerzte;

b) auf Juden, welche in Russland Fabriken oder gewerbliche Anstalten errichten wollen und den Nachweis liefern, dass sie ein Kapital von mindestens funfzehntausend Rubel besitzen;

c) auf jüdische Werkmeister, die von jüdischen Fabrikanten gedungen wurden. Doch sind diese Personen auf das jüdische Niederlassungsgebiet beschränkt.

Die Gliederung der Bevölkerung nach Ständen.

§ 30. I. **Der Adel** (дворянство). Der Adel als erster Stand erfreute sich früher nicht unbedeutender Vorrechte, welche durch die neuere Gesetzgebung zum Theil aufgehoben, zum Theil auch auf andere Bevölkerungsgruppen ausgedehnt und damit ihres Charakters als besondere Standesprivilegien entkleidet worden sind. Der Adel besitzt eine korporative, mit gewissen öffentlich-rechtlichen Befugnissen ausgestattete Organisation, die indess keineswegs einen den ganzen Adel des Reichs zusammenfassenden Verband darstellt, sondern auf korporative Verbände der einzelnen Gouvernements beschränkt ist. Diese stehen zu einander in keiner verfassungsmässigen Beziehung und besitzen daher auch eine gemeinsame Vertretung nicht. Die Gestaltungen und Rechte dieser einzelnen Gouvernements-Adelskorporationen sind im übrigen, (abgesehen von denjenigen der drei Ostseeprovinzen, welchen einige aus ihrer Geschichte hervorgegangene Sonderheiten gewahrt blieben), die gleichen (§ 99). Der russische Adel zerfällt in den Erbadel (потомственное д.) nnd in den persönlichen Adel (личное д.). Der Erbadel wird je nach seiner Erwerbung oder nach der ihm gebührenden Titulatur (Fürst, Graf etc.) in sechs Klassen eingetheilt. Die Zugehörigkeit zu der einen oder anderen derselben hat übrigens keine rechtliche, allenfalls eine gesellschaftliche Bedeutung.

§ 31. Erwerbung des Erbadels. Der Erbadel wird erworben:

a) durch Abstammung aus rechtmässiger Ehe eines erblichen Edelmannes;*)

b) durch Eingehung einer Ehe. Jeder Erbadelige theilt der Gattin, gleichviel welchem Stande sie früher angehörte, seine Standesrechte mit;

c) durch Erdiennng im Staatsdienste. Wer im Dienst als Civilbeamter den Rang eines wirklichen Staatsraths oder im Militär eines Obersten, in der Flotte eines Kapitäns I. Ranges erhält, wird hiermit in den erblichen Adelsstand erhoben;

d) durch Ordensverleihung Wer im Dienst als Civilbeamter, im Militärdienst oder als Geistlicher einen russischen Orden I. Klasse oder irgend einer Klasse des Heil. Wladimir- oder Georg-Ordens erhält, wird hierdurch in den erblichen Adelstand erhoben;

e) durch direkte kaiserliche Verleihung.

§ 32. Erwerbung des persönlichen Adels. Mit der IX. Rangklasse im Civildienst (Titulär-Rath) und dem Patent eines Ober-Offiziers ist die Erhebung in den persönlichen Adelsstand verbunden. Derselbe wird auch durch Eheschliessung, durch Verleihung eines Ordens (mit Ausnahme der obengenannten) an im aktiven Dienste stehende Beamte und Geistliche erworben, endlich durch kaiserliche Gnade. Lutherische und reformirte Prediger gelten als persönliche Edelleute. Die ehelichen Kinder eines persönlichen Edelmanns sind erbliche Ehrenbürger. Die persönlichen Edelleute gehören nicht den

---

*) In einem Falle kann auch die Abstammung von einem persönlichen Edelmanne den Erbadel gewähren. Wer nach Erreichung des 17. Lebensjahres in den Staatsdienst tritt und den Nachweis liefern kann, dass sein Vater und Grossvater mindestens je 20 Jahre hindurch ein den persönlichen Adel verleihendes Amt bekleideten, darf auf Zuerkennung des Erbadels Anspruch erheben.

Adelskorporationen an, nehmen also an den diesen zustehenden öffentlichen Rechten nicht Theil und besitzen ausser der Bezeichnung „Edelmann" keinerlei Befugnisse, deren nicht auch Personen anderer Stände theilhaftig sein könnten.*)

§ 33. II. **Die Geistlichkeit** (духовенство). Dieselbe bildet mit Einschluss der Geistlichen „ausländischer Bekenntnisse" einen Berufsstand, welcher mit grösseren oder geringeren Ehrenrechten ausgestattet ist. Ein sonst irgend welche besondere Rechte geniessender geistlicher Stand im öffentlich-rechtlichen Sinne ist nicht vorhanden, und wenn das Gesetz doch [noch von einem solchen redet, so kann man das nur als ein Ueberbleibsel früherer Zeit bezeichnen, wo die Geistlichkeit der herrschenden Kirche in der That einen besonderen politischen Stand bildete, der auch die Kinder der Geistlichen umfasste. Das hat seit dem Jahre 1869 aufgehört und es werden seitdem die Kinder der Geistlichen einer Klasse der Stadtbewohner zugezählt. Als ein mit dem Beruf zusammenhängendes Recht ist zu bezeichnen, dass die Geistlichen aller christlichen Bekenntnisse vom Kriegsdienst befreit sind. Die griechisch-orthodoxe Geistlichkeit zerfällt in die schwarze (Mönche und Nonnen) und in die weisse (Weltgeistliche). Die Geistlichen der „herrschenden" Kirche erfreuen sich eines besonderen Schutzes gegenüber Beleidigungen durch Angehörige fremder Bekenntnisse, sofern diese Beleidigungen in der Absicht erfolgten „Geringschätzung für die Kirche an den Tag zu legen." Die gleiche Handlung, in der gleichen Absicht von einem Angehörigen dieser Kirche begangen, wird vom Strafgesetz sonderbarer Weise als ein qualifizirtes Vergehen nicht betrachtet.

§ 34. III. **Die Stadtbewohner** (городскіе обыватели). Im weiteren Sinne versteht man unter dieser Bezeichnung alle

---

*) Ausländische Edelleute, welche in den russischen Unterthanenverband traten, haben keinen Anspruch auf Zuzählung zum russischen Adel, welche nur dann erfolgt, wenn sie sich besondere Verdienste um das Reich erwarben.

in einem städtischen Gebiete lebenden Personen, im engeren Sinne aber sollen durch sie diejenigen Bevölkerungselemente getroffen werden, welche man sonst unter dem Mittelstand zusammenzufassen pflegt. Dieser zerfällt nach dem Gesetz in folgende 4 Gruppen: 1. Ehrenbürger, 2. Kaufleute, 3. Handwerker oder Zünftige, 4. Kleinbürger. Jede dieser Klassen, mit Ausnahme der Ehrenbürger, ist in den einzelnen Städten korporativ organisirt und besitzt ihren Vorstand, welcher die besonderen Angelegenheiten des Verbandes leitet und dessen Interessen zu vertreten hat. Diese ständisch-korporative Organisation hatte, weil auf ihr die von Katharina II. erlassene Städteordnung aufgebaut war, früher eine nicht geringe Bedeutung. Nach Einführung der unter Alexander II. emanirten Städteordnung vom 16. Juni 1870 ist sie beinahe zu einer historischen Reminiscenz geworden, denn die verschiedenen Klassen kommen bei dem Aufbau der geltenden städtischen Selbstverwaltung nicht mehr in Frage, er ruht auf der breiteren Grundlage der gesammten Steuern zahlenden Einwohnerschaft. Wir können uns daher hinsichtlich dieser Klassen kurz fassen.

1. Das Ehrenbürgerthum (почетное гражданство). Dasselbe ist heutigen Tages nur ein Titel ohne Rechtswirkung, nachdem die früheren Privilegien (Befreiung von der Körperstrafe und von gewissen direkten Steuern) auch auf Personen anderer Stände Ausdehnung gefunden haben. Wie der Adel, wird auch das Ehrenbürgerthum in ein erbliches und persönliches getheilt. Die Kinder der persönlichen Ehrenbürger haben sich je nach Wahl ihres Berufes in die Klasse der Handwerker oder Kleinhändler eintragen zu lassen, oder in eine Landgemeinde einzutreten. Erbliche Ehrenbürger sind die Kinder der persönlichen Edelleute, der griechisch-orthodoxen Weltgeistlichkeit, der lutherischen und reformirten Prediger. Neben den genannten giebt es noch gewisse Kategorien von Personen, welche um Verleihung des erblichen Ehrenbürgerrechtes zu bitten befugt sind, wie Kommerz- und Manufaktur-Räthe, deren Wittwen und Kinder, Personen, welche einen

russischen Orden erhielten, Kaufleute, welche über 20 Jahre der I. Gilde augehörten oder in besonderer Veranlassung durch Ertheilung eines Dienstranges ausgezeichnet wurden, Personen, die den Doktor- oder Magistergrad erlangen u. dgl. m. Das persönliche Ehrenbürgerrecht kann ebenfalls, gestützt auf den Nachweis gewisser Bildungsgrade, beansprucht werden und steht ausserdem u. a. den Kindern von Beamten der XIV. bis IX. Rangklasse, ebenso den Kindern von Personen zu, welche mit dem ersten Grad eines Ober-Offiziers aus dem Militärdienst entlassen wurden u. s. w.

2. Die Kaufleute (купцы). Die Zugehörigkeit zu diesem Stande kann, wie es in der Natur der Sache liegt, nicht durch Vererbung erfolgen, sondern wird einzig und allein durch die Lösung gewisser Handelsscheine erworben. Indessen können in einem solchen Scheine mehrere bis zu einem bestimmten Verwandtschaftsgrade verbundene Personen aufgeführt werden, welche dadurch in diesen Stand treten.

Je nach der in ihrer Höhe von dem Umfange des gewerblichen Unternehmens abhängigen Steuerzahlung sind zu unterscheiden: Kaufleute I. Gilde und Kaufleute II. Gilde; welche Steuerzahlungen die Zugehörigkeit zu einer dieser beiden Kategorien bedingen, wird durch das Gesetz über die Reichs-Gewerbesteuer vom 8. Juni 1898 (Art. IV, 1 und 2) bestimmt. Die persönlichen Rechte der Kaufleute fielen früher im Wesentlichen mit denjenigen der Ehrenbürger zusammen, heutigen Tages haben sie eigentlich eine reale Bedeutung nicht mehr. Die Kaufleute I. Gilde geniessen übrigens noch einige besondere Ehrenrechte.

3. Die Handwerker oder Zünftigen (ремесленники или цеховые). In den grösseren Städten ist eine Zunftordnung eingeführt, welche bestimmt, dass nur Zunftmeister ein Handwerk betreiben und Lehrlinge ausbilden dürfen. Zunftmeister wird, wer von einem solchen zum Gesellen freigesprochen und nach Anfertigung eines Meisterstückes in die Zunft seines

Handwerkes (цехъ) als Meister aufgenommen worden ist. Das Kleinhandwerk dürfen auch Nichtzünftige betreiben, sofern sie auf ein Handwerksschild verzichten; ihnen geht die Befugniss zum Ausbilden von Lehrlingen und Freisprechen von Gesellen ab. Irgend welche persönliche Rechte sind mit der Zugehörigkeit zum Handwerksstande nicht verbunden.

4. Die Kleinbürger (мещане). Diese Klasse wird aus solchen städtischen Einwohnern gebildet, welche weder zum Adel zählen, noch Ehrenbürger sind oder einer der vorgenannten Klassen angehören. Die Zugehörigkeit zu der Kleinbürgergemeinde ist erblich, ausserdem findet die Aufnahme in dieselbe durch Gemeindebeschluss statt. Die Gemeinde übt über ihre Glieder eine Disziplinargewalt aus, kann sie aus dem Verbande ausschliessen und unter bestimmten Voraussetzungen sogar der Regierung zur Ansiedelung in entfernten Gegenden des Reichs übergeben.

§ 35. IV. **Die Dorfbewohner** (сельскiе обыватели). Die verschiedenen Klassen, in welche der Bauernstand zerfällt, haben nach Einführung der neuen Landgemeinde-Ordnung nur noch eine wirthschaftliche Bedeutung.*) Die Landgemeinde steht hinsichtlich der Verwaltung ihrer Angelegenheiten sehr selbstständig da. Die Mitgliedschaft wird durch Geburt, Ehe oder Aufnahme erworben. Die Gemeindegenossen haften solidarisch für die Steuern. Die Zugehörigkeit zur Gemeinde schliesst das Recht auf Nutzung des Gemeindelandes (надѣлъ) in sich. Es können sich auch Kaufleute, Kleinbürger und überhaupt Personen nichtpriviligirten Standes zu einer Landgemeinde, ohne Anrecht auf Nutzung des Gemeindelandes, anschreiben lassen.

---

*) In den Ostseeprovinzen, welche eine von der russischen verschiedene, ihren anders gearteten Agrarzuständen entsprechende Landgemeinde-Ordnung besitzen, haben die Klassen der „Wirthe" (Eigenthümer und Pächter bäuerlicher Grundstücke) und die Klasse der „Nichtwirthe" eine über das wirthschaftliche Leben hinausreichende Bedeutung.

Der Verlust der Standesrechte.

§ 36. Verloren gehen die Standesrechte durch strafrechtliches Urtheil, sofern einzelne Strafen mit dem Verlust aller Standesrechte oder nur einzelner besonderer Standesrechte verbunden sind. Der Verlust des Adels kann nur nach erfolgter Allerhöchster Bestätigung solchen Gerichtsurtheiles erfolgen. Wer seinen Stand wechselt, verliert in der Regel die speziellen Rechte des früheren Standes.

Zweiter Abschnitt.

Die Gesetzgebung und Rechtspflege.

§ 37. Die wichtigste Funktion des staatlichen Lebens besteht in der Festsetzung verbindlicher Rechtsnormen, in der Gesetzgebung, und die einzige Quelle dieser verbindlichen Rechtsnormen ist, wie wir früher ausführten, die souveräne Gewalt. Damit deren Wille in die Erscheinung trete, allgemein verbindliche Kraft erhalte, somit Gesetz werde, bedarf es nach der Verfassung einzelner Staaten des Zusammenwirkens gewisser Faktoren und der Beobachtung bestimmter Formen. (Beschluss der Volksvertretung, Sanktion des Herrschers, Kontrasignatur des Ministers, Publikation u. s. w.). Nach der Verfassung des russischen Staates ist die souveräne Gewalt ausschliesslich in der Person des Kaisers vereinigt, der durch Nichts und Niemanden gebunden, nach freiem Belieben auch des Reiches Grundgesetze zu jeder Zeit ändern kann. Demnach ist jede vom Kaiser ausgehende Rechtsnorm allgemein verbindliches Gesetz. Hier gilt voll und ganz das: „regis voluntas suprema lex esto". Diese Thatsache steht der Unterscheidung zwischen Gesetz und Verordnung, wie sie von der Theorie, und in nicht absolut regierten Staaten gemacht wird, hindernd im Wege, sofern die Verordnung nicht etwa von gewissen Staatsorganen innerhalb der ihnen gesetzlich zustehenden Befugnisse, sondern vom Kaiser selbst oder auf dessen unmittelbaren Befehl erlassen wurde, denn in solchem Falle hat sie unbedingt die gleiche Kraft wie das Gesetz (законъ), möge ihr nun diese Bezeichnung oder eine andere, an denen die russische Terminologie so reich ist, gegeben werden.*) Das ist der thatsächliche Zustand; er soll aber nach den Reichsgrundgesetzen nicht die Regel bilden, denn diese suchen auch hier wieder, wie das bei anderer Gelegenheit bereits ausgeführt wurde, dem Selbstherrscher die Beobachtung gewisser Formen bei Erlass von Gesetzen, wir wollen sagen, nahe zu legen. So lautet Art. 50 derselben: „Alle Gesetzesentwürfe werden im Reichsrath durchgesehen und gelangen dann zur Allerhochsten Entscheidung (усмотрѣніе). Eine Ausnahme hiervon machen übrigens die Militärgesetze, sofern dieselben in keinem Zusammenhange mit anderen Theilen des Staatslebens stehen. Für die reinen Militärgesetze üben der Militär- und Admiralitäts-Rath die Befugnisse des Reichsrathes aus. Gestützt auf obige Bestimmung, hat die Praxis und juristische Literatur eine besondere Bezeichnung für die Gesetze gezeitigt, welche auf diese Weise entstanden; es heisst von ihnen, sie seien „auf gesetzgeberischem Wege" (законодательнымъ порядкомъ) zu Stande gekommen. Darin liegt die Anschauung verborgen, dass alle im Widerspruch zu jener Bestimmung der Grundgesetze erfolgten Erlasse nicht als Gesetze im eigentlichen Sinne des Wortes zu betrachten seien, und dass folglich ein bestehendes Gesetz wiederum nur durch ein solches, d. h. durch eine auf gesetzgeberischem Wege erlassene Anordnung aufgehoben oder abgeändert werden könne. Im Allgemeinen wird auch an diesem Grundsatze festgehalten, jedoch leider nicht, wie es die Rechtssicherheit erfordert, unbedingt, denn zuweilen werden „gesetzliche" Bestimmungen durch einen Allerhöchsten Befehl suspendirt oder auf dem gleichen Wege mit den bestehenden Gesetzen nicht im vollen Einklange befindliche Statuten und Neueinrichtungen „versuchsweise" oder „zeitweilig" dekretirt. Hierzu bietet das

*) Die Bezeichnungen „уложеніе", „учрежденіе", „уставъ", „положеніе", „грамота", „наказъ" haben keine durch den Inhalt oder die Form dieser Erlasse bedingte Unterscheidungsmerkmale, sind daher juridisch irrelevant.

Gesetz selbst eine Handhabe, da es ausspricht, dass der Kaiser vom Minister-Komité ausgearbeitete Gesetzesvorlagen entweder zur Berathung an den Reichsrath verweisen oder direkt von sich aus bestätigen könne. Wenn also der citirte Art. 50 der Reichsgrundgesetze dem Reichsrath auch die Mitwirkung bei allen Gesetzen vorbehält, so giebt er demselben durchaus kein Recht auf solcher zu bestehen, zumal an ihn keine Vorlage anders als auf kaiserlichen Befehl gelangen kann, denn der Reichsrath besitzt nicht etwa die dem Kaiser vorbehaltene sog. Gesetzesinitiative, sondern seine Thätigkeit ist auf die Berathung und Begutachtung von Gesetzesvorlagen, welche allerdings selbstständige Formulirungen und Vorschläge nicht ausschliesst, beschränkt. Der Kaiser ist natürlich in keiner Weise an das Votum des Reichsraths gebunden, er prüft nicht allein dasjenige der Mehrheit, sondern auch diejenigen der Minderheiten, kann diese zum Gesetz erheben oder von sich aus eine ganz neue Festsetzung machen. Bei dieser Lage der Dinge ist es verständlich, dass der Selbstherrscher, falls er meint im einzelnen Falle auf die Meinung jenes Berathungskörpers verzichten zu können, von deren Einholung Abstand nimmt. Dass hierdurch die Stetigkeit der Gesetzgebung und mit ihr die Rechtssicherheit leidet, liegt auf der Hand, es ist das eben eine Konsequenz des Wesens der absoluten Monarchie, in welcher der Herrscher nur soweit durch das Gesetz gebunden ist, als er sich selbst bindet.

Eintheilung der Gesetze nach ihrem Inhalt.

§ 38. I. Grundgesetze (основные законы). Der innere Unterschied dieser von den übrigen Gesetzen ist an anderer Stelle (§ 6) auseinandergesetzt worden. Sie sind im Gegensatz zu anderen Staaten, in Russland nicht durch besondere rechtliche Garantien vor Verletzung sicher gestellt, sondern bilden mehr ein moralisches Hemmniss für den Herrscher. In den Bereich dieser Grundgesetze gehören:

a) die Festsetzungen über das Wesen der Selbstherrschaft, b) die Thronfolgeordnung, c) die Bestimmungen über das Mündigkeitsalter des Herrschers, die Regentschaft und Vormundschaft, d) über die Thronbesteigung und den Unterthaneneid, e) über die Krönung und heilige Salbung, f) über die vom Kaiser zu führenden Titel und Wappen, g) über das herrschende Glaubensbekenntniss, h) über das Wesen und den Erlass der Gesetze, i) über die Befugnisse der obersten Verwaltung, k) das kaiserliche Familienstatut.

2. Allgemeine und besondere Gesetze (общіе и особенные законы). Die allgemeinen Gesetze enthalten Normen, welche auf alle gleichartigen Rechtsbeziehungen anzuwenden sind und alle Unterthanen betreffen. Die besonderen hingegen, beziehen sich nur auf einen bestimmten Theil der Bevolkerung oder ein bestimmtes Territorium. Von diesen sind die Separatukase und Privilegien zu unterscheiden. Sie betreffen einzelne Fälle oder Personen, haben einen speziellen, individuellen Charakter und daher nur ad hoc Geltung. Die besonderen Gesetze, Separatukase und Privilegien stellen Ausnahmen von den allgemeinen gesetzlichen Bestimmungen dar und derogiren diesen, können aber durch sie keine Aenderung erfahren, es sei denn, dass das neue allgemeine Gesetz die Aenderung oder Aufhebung ausdrücklich anordne.*)

Form und Sanktion der Gesetze.

§ 39. Die Sanktion erfolgt dadurch, dass der Kaiser das Gesetz bestätigt und seine Veröffentlichung befiehlt. Diese Bestätigung findet in sehr verschiedener Weise statt, schriftlich oder auch mündlich und die gewählte Form lässt den Gesetzgebungsgang erkennen. Handelt es sich um Gesetz-

---

*) Dieser Grundsatz wird denjenigen Reichstheilen gegenüber, welche besondere Verfassungen, Rechte und Einrichtungen besitzen, in der Praxis nicht immer streng eingehalten.

vorlagen, welche einer schriftlichen Bestätigung bedürfen und der Kaiser genehmigt das einmüthig vom Reichrath gegebene Gutachten oder das Mehrheitsvotum, so geschieht das in der Weise, dass Se. Majestät eigenhändig die Worte hinschreibt: „Dem sei also" („Быть по сему"). Genehmigt der Kaiser ein Minoritätsvotum schriftlich oder bestimmt er den Inhalt des Gesetzes selbst, so wird ein namentlicher Ukas erlassen, in welchem es heisst: „Nach Durchsicht etc etc. und in Erwägung u s. w. befehlen wir" .... In denjenigen Anlegenheiten, welche einer eigenhändigen Allerh. Bestätigung nicht bedürfen, werden, wenn ein einstimmiges Votum oder das der Mehrheit genehmigt wird, von dem Vorsitzenden des Reichsrathes Allerhöchste Befehle veröffentlicht, in welchen es heisst: „Se. Majestät hat etc. etc. (folgt der Text) zu genehmigen geruht und zu erfüllen befohlen." Falls aber in einer derartigen Angelegenheit das Minoritätsvotum bestätigt wird oder falls der Kaiser von sich aus eine besondere Verfügung trifft, muss, wie oben ausgeführt worden, ein namentlicher Ukas erlassen werden. In dem Art. 53 der Grundgesetze sind noch einzelne Formen von Gesetzeserlassen angeführt, welche einer kurzen Erläuterung bedürfen, wie:

a) Das Manifest. Diese Form dient gewöhnlich nicht dazu, Gesetze im eigentlichen Sinne des Wortes zu verkünden, sondern wird gewählt, wenn die Majestät besonders wichtige Thatsachen dem Volke direkt und in feierlichster Weise kund geben will. Z. B. eine stattgehabte Kriegserklärung, einen Friedenschluss, die Thronbesteigung, die Geburt eines Thronerben etc. Mittelst Manifestes wurde auch die Aufhebung der Leibeigenschaft als eine Thatsache von weittragender Bedeutung verkündet.

b) Der Ukas. Auch dieser ist eine rein persönliche Aeusserungsform des Kaisers und deutet an, dass die getroffene Verfügung direkt dessen Willen entstammt, also nicht ein Ergebniss des ordentlichen Gesetzgebungsweges (Reichsrathsvotum) darstellt.

c) Das Reskript. Das Gleiche lässt sich von dem Reskript sagen, welches sich von den beiden anderen Formen dadurch unterscheidet, dass es nicht allgemein an das Volk, sondern an Korporationen oder Einzelpersonen gerichtete Allerh. Kundgebungen zu enthalten pflegt

d) Der Prikas enthält meist auf die Verwaltung bezügliche Anordnungen des Kaisers.

Mündliche kaiserliche Befehle.

§ 40. Das russische Recht kennt nicht allein die mündliche Sanktion schriftlich vorliegender Gesetzesentwürfe, sondern auch mündliche Gesetzeskraft beanspruchende kaiserliche Befehle („Словесныя Высочайшія повѣленія“ oder „указы объявляемые“). Ausgehend von der Omnipotenz des unverantwortlichen Selbstherrschers wird man daran nicht zweifeln können, dass derartigen kaiserlichen Willensakten die volle Gesetzeskraft innewohnt, sofern ihr Inhalt fraglos feststeht. Mit Rucksicht aber auf die Möglichkeit eines Missverständnisses und ungenauer Wiedergabe des kaiserlichen Willens seitens derjenigen Personen, welche zu derselben autorisirt wurden, ist den Behörden und Amtspersonen, welchen ein mündlich ergangener kaiserlicher Befehl vom Minister zur Richtschnur mitgetheilt wurde, zur Pflicht gemacht, ohne denselben zu erfüllen, dem Minister eine Vorstellung zu machen, falls durch solchen Befehl ein mit der eigenhänden Unterschrift des Kaisers versehenes Gesetz ein Aenderung erführe. Sollte der Minister das Verlangen der Erfüllung wiederholen, so ist dem Dirigirenden Senat zur allendlichen Entscheidung Bericht abzustatten. Diese Bestimmung des Art. 77 der Grundgesetze soll ein Palliativ gegen willkürliche oder unbewusste Gesetzesverletzungen bilden und entspricht durchaus dem Sinn des Art. 73 daselbst, welcher besagt, dass ein Gesetz nur durch ein gleichartiges neues abolirt werden könne, ein allgemeines, zur öffentlichen Kenntniss gebrachtes, nur wieder durch ein solches, der mit Allerh. Unterschrift versehene Ukas nur wieder durch einen diese Unterschrift tragenden kaiserlichen Befehl. Man sieht hieraus, dass die Gesetzgebung bestrebt ist, schlimmen Folgen, welche durch blinde Ausführung mündlicher kaiserlicher Befehle entstehen könnten, vorzubeugen. Das tritt noch schärfer in den Art. 55 und 66 der Grundgesetze hervor, denn der erstere beschränkt den Gültigkeitskreis der mündlichen Befehle auf Erläuterungen und Ergänzungen eines bestehenden Gesetzes oder auf Ertheilung von Vorschriften über die Art seiner Anwendung, woraus sich der Schluss ergiebt, dass sie nicht ein neues Recht zu schaffen oder bestehendes zu ändern bestimmt sind, wozu dann der Art. 66 noch ausdrücklich hinzufügt, dass ein mündlicher kaiserlicher Befehl keine Gültigkeit haben könne, sofern es sich handelt: 1. um Leben, Ehre und Vermögen; 2. um Anordnung oder Aufhebung von Steuern; 3. um Erlass von Steuerrückständen oder Forderungen des Fiskus, sowie Auszahlung von höheren Summen, wenn diese durch bestehende Vorschrift begrenzt sind; 4. um Erhebung in den Adelsstand oder Verlust desselben; 5. um Beförderung zu höheren Aemtern und Entlassung aus denselben gemäss der bestehenden Einrichtungen. Man wird nicht umhin können, diese weise Vorsicht der Gesetzgebung zu loben, aber zugleich auch sich dem Eindrucke kaum zu verschliessen vermögen, dass sie eigentlich erst recht darauf hinweist, wie schwankend der Rechtsboden ist, wo überhaupt mit mündlichen Befehlen der obersten Staatsgewalt gerechnet werden muss und es nicht einmal feststehende Unterscheidungsmerkmale dafür giebt, wann es sich um Willensakte der kaiserlichen Person und wann um solche des Trägers der obersten Staatsgewalt, d. h. des im Bewusstsein der Verantwortlichkeit vor Gott seine Befehle ertheilenden Herrschers handelt. So lange nicht unbedingte Normen für den Werdegang des Gesetzes geschaffen werden, müssen alle wohlgemeinten Versuche der russischen Staatsrechtslehrer, die russische Gesetzgebung in ein System zu bringen, eine feste Abgrenzung zwischen den einzelnen, gleichviel wie benannten Allerhöchsten Willensakten zu finden, scheitern, denn die erwähnten Palliativmittel erweisen sich in der Praxis als werthlos.

Die Verkündung der Gesetze.

§ 41. (обнародованіе законовъ). Damit das Gesetz Geltung erlange, ist es erforderlich, dass es in bestimmter Weise erlassen, d. h. zur allgemeinen Kenntniss gebracht sei. Erst von diesem Zeitpunkte ab wird es wirksam und tritt der im Art. 62 der Grundgesetze enthaltene Grundsatz in Kraft, dass sich Niemand mit der Unkenntniss des Gesetzes entschuldigen könne. Als Regel gilt gemäss Art. 60 l. c, dass das Gesetz nur auf unter seiner Herrschaft begangene Handlungen und entstandene Rechtsverhältnisse anzuwenden sei, d. h. keine rückwirkende Kraft habe. Hiervon werden nur zwei Ausnahmen gemacht: 1. Falls das Gesetz selbst ausdrücklich mit rückwirkender Kraft erlassen wurde und 2., wenn das Gesetz sich als eine authentische Interpretation eines früheren Gesetzes darstellt. So wichtig hiernach die genaue Feststellung des Zeitpunktes, von welchem ab ein Gesetz als gehörig publizirt und somit als geltend zu betrachten sei, ist, so wenig klar und bestimmt sind die zur Entscheidung dieser Frage von der russischen Gesetzgebung gebotenen Anhaltspunkte. Die Veröffentlichung der Gesetze steht in erster Linie dem Dirigirenden Senate zu; er lässt sie in der Beilage zur Senats-Zeitung abdrucken.*) Zugleich aber ist für die einzelnen Gouvernements die Gouvernements-Regierung das mit der Publikation betraute Organ, welches die Veröffentlichung in der Gouv.-Zeitung besorgt, und wird gemeinhin der Abdruck in diesem offiziellen Blatte als für das einzelne Gouvernement massgebender Zeitpunkt betrachtet. Hieraus entsteht der Uebelstand, dass dasselbe Gesetz an verschiedenen Orten zu verschiedener Zeit in

---

*) „Собраніе узаконеній и распоряженій правительства."

Geltung tritt, was zu vielfachen Unzuträglichkeiten und Widersprüchen führt. Diese werden zudem noch dadurch vermehrt, dass für die Gerichte und Behörden ein anderer Zeitpunkt gesetzlich fixirt ist. Für diese beginnt die Kraft des erlassenen Gesetzes von dem Augenblick, wo sie die erwähnte Beilage der Senatszeitung erhielten. Da der Abdruck in den Gouvernementszeitungen immer nur später erfolgen kann, tritt der eigenthümliche Zustand ein, dass die Gerichte und Behörden sich bereits nach einem Gesetze zu richten haben, welches für die Bevölkerung, weil noch nicht rite veröffentlicht, nicht Gesetz ist. Häufig wird zur Vermeidung derartiger Schwierigkeiten schon gleich im Gesetz selbst der Moment seines Wirksamkeitsbeginnes besonders angeordnet, aber auch das ist nicht immer ein ausreichendes Auskunftsmittel, denn wenn in irgend einem entfernten Gouvernement die rechtzeitige Publikation doch nicht erfolgte, würde die Frage, ob das Gesetz für die Bevölkerung gelte, immerhin zu verneinen sein. In früheren Zeiten pflegte man die Gesetze in den Kirchen und mittelst Anschlages in den Landgemeinden zur allgemeinen Kenntniss zu bringen, womit erst recht eine Buntscheckigkeit und Rechtsunsicherheit verbunden war. Dieser Modus wird jetzt kaum mehr, allenfalls bei Manifesten beobachtet, welche ja auch Thatsachen verkünden und nicht Rechtsnormen enthalten sollen. Ist demnach die herrschende Art der Gesetzesveröffentlichung auch gewiss als ein Fortschritt gegenüber der früheren zu bezeichnen, so genügt sie doch nicht, sondern es ist durchaus wünschenswerth, dass dieser Gegenstand eine feste gesetzliche Regelung erhalte. Es sei hier noch erwähnt, dass die mündlichen Befehle des Kaisers (§ 40) in der Regel nur den einzelnen Behörden, für welche sie bestimmt sind, mitgetheilt, nicht aber zur allgemeinen Kenntniss gebracht zu werden pflegen, wodurch ihnen allerdings der Charakter gesetzlicher Normen genommen wird; das hindert indess nicht, dass sie im Einzelfalle wie ein Gesetz wirken und darum bleiben trotz solcher, übrigens auch durch Ausnahmen durchbrochener Praxis, die an betreffender Stelle gemachten Ausführungen durchaus bestehen.

Die Kodifikation der Gesetze.

§ 42. Die russischen Gesetze werden nach ihrer Veröffentlichung von der beim Reichsrath befindlichen Kodifikations-Abtheilung den Gesetzbüchern einverleibt und zwar der Vollen Sammlung der Gesetze („Полное Собраніе Законовъ") und der Gesetzessammlung schlechthin („Сводъ Законовъ"). In die volle Sammlung werden nicht allein die Gesetze, sondern alle Staatsverträge und Staatsakte chronologisch eingereiht, während im „Swod" der Stoff nach Materien geordnet ist. Hier wird dann das neue Gesetz in einer „Fortsetzung" zu dem Bande, welchem es seinem Inhalte nach gehört, als Ersatz für einen Abschnitt oder Artikel, als Ergänzung oder Anmerkung zu demselben, gedruckt Es lässt sich nicht leugnen, dass auf diese Weise die Gesetzgebung, weil zerstückelt, schwer zu übersehen und zu handhaben ist, andererseits aber bietet das Reichsgesetzbuch nebst seinen Fortsetzungen dem Forscher unbedingt das ganze Material der geltenden Gesetzgebung. Es werden übrigens in neuerer Zeit, neben der üblichen Kodifikation besondere offizielle Ausgaben einzelner organischer Gesetze veranstaltet, was die Handhabung im praktischen Leben wesentlich erleichtert. (Anhang II.)

Die Verordnungen.

§ 43. (распоряженія). Ausser den von der souveränen Gewalt erlassenen verbindlichen Rechtsnormen, welche unter den Begriff des Gesetzes fallen, erfordert das staatliche Leben noch Regelungen verschiedenster Art. Diese Verfügungen oder Verordnungen unterscheiden sich von den Gesetzen in erster Linie dadurch, dass nicht die souveräne Gewalt ihre direkte

Quelle ist, sie vielmehr von einzelnen Staatsorganen innerhalb des denselben vom Gesetz zugewiesenen Thätigkeitskreises erlassen werden. Die gesetzgebende Gewalt ist ungebunden und unbegrenzt, die Verordnungsgewalt dagegen findet ihre Begrenzung in der Zuständigkeitssphäre und weiter darin, dass keine Verordnung sich im Widerspruch zu einem bestehenden Gesetz befinden darf. Zu den mit dem Verordnungsrecht ausgestatteten Behörden und Amtspersonen gehören: 1. Der Dirigirende Senat. Er ist befugt, wo Zweifel über den Inhalt oder die Anwendbarkeit eines Gesetzes entstehen, diese auf dem Verordnungswege zu lösen. Art. 200 der Senatsverfassung lautet:*) „Der Senat begründet seine Verfügungen stets und in allen Sachen auf die erlassenen Gesetze, Statuten und vorgeschriebenen Regeln, keinen einzigen Buchstaben derselben ändernd, ohne Sr. kaiserlichen Majestät darüber zu berichten." Hierdurch ist eine gewisse Garantie dafür geboten, dass sich der Senat nicht in Widerspruch zum Gesetz setze; ein Senats-Ukas ist gemäss Art. 198 l. c. ebenso verbindlich, wie ein vom Kaiser selbst erlassener. Durch diese Bestimmung reicht des Senats Verordnungsrecht an das der souveränen Gewalt vorbehaltene Recht authentischer Interpretation heran. 2. Die Minister im Bereich ihrer Ressorts; 3. die General-Gouverneure und Gouverneure und endlich 4. die Landschafts- und Stadtverordneten-Versammlungen, welchen die Befugniss zusteht, für gewisse Gebiete des öffentlichen Lebens bindende Ortsstatuten (обязательныя постановленія) zu erlassen.

Die Rechtspflege.

§ 44. Der moderne Staat äussert sein Leben auf dem Gebiete des Rechts nicht allein dadurch, dass er Gesetze erlässt und damit einen Rahmen für die Bethätigung des Individualwillens schafft, sondern zugleich durch eine die Gesetz-

*) Reichsgesetzbuch Bd. I.

gebungsfunktion ergänzende Thätigkeit — die Rechtsprechung. Sie hat die Einhaltung des Gesetzes zum Ziele und greift da ein, wo der Individualwille über die ihm gesetzte Grenze hinausstrebt, sei das auf dem Gebiete des öffentlichen oder des bürgerlichen Rechtes. Zur Erfüllung dieser wichtigen, weil das friedliche Zusammenleben der Staatsbürger gewährleistenden Aufgabe, bedient er sich besonderer Organe, der Gerichte. Je unabhängiger diese hingestellt sind, je gesicherter vor jeder subjektiven Einwirkung, gleichviel von welcher Seite, um so grösseres Vertrauen wird ihnen entgegengebracht. Darum hat der Staat vor allen Dingen sich selbst einer direkten Einmengung in das diesen Organen gebührende Thätigkeitsgebiet zu enthalten. Damit das leichter erreicht werde, hat man in allen Kulturstaaten die frühere Vereinigung von Justiz und Verwaltung beseitigt und den Gerichten eine besondere, unabhängigere Stellung angewiesen, als sie die Verwaltungsbehörden naturgemäss besitzen und beanspruchen können. Man kann das auch dahin ausdrücken, dass die Verwaltungsbehörden blosse ausführende, die Gerichte hingegen selbstthätige Staatsorgane sind. Die ersteren erhalten von oben Befehle, welche sie zu erfüllen haben, letztere kennen keinen anderen Maassstab für ihre Thätigkeit als das Gesetz.

In früherer Zeit griff die höchste Staatsgewalt auf dem Wege der sog. Kabinetsjustiz auch in den Kompetenzkreis der Gerichte entscheidend ein, das Kabinet fällte Urtheile in Rechtssachen und zwar nicht nur da, wo öffentliches Recht zur Sprache kam, sondern ebenso in bürgerlichen Rechtsstreiten. Auch Russland hat seit der Justizreform Kaiser Alexanders II. sich zu den gekennzeichneten modernen Anschauungen grundsätzlich bekannt, die Trennung von Justiz und Verwaltung vollzogen, den ständischen Charakter der Gerichte, welcher bis dahin herrschte, beseitigt und den Grundsatz „gleiches Recht für Alle“, abgesehen von einzelnen hier nicht weiter zu erörternden Ausnahmen (Bauerngerichte), bei sich zur Geltung gebracht, Mündlichkeit und Oeffentlichkeit des Verfahrens eingeführt. Wenn demnach die Gerichte sich in einer gewissen Unabhängigkeit von der obersten Staatsgewalt befinden, so ist damit keineswegs gesagt, dass sie zu derselben in keiner Beziehung stünden. Im Gegentheil, nur durch sie erhalten die Gerichte ihre Bestallung und Funktionsberechtigung, und in ihrem Namen sprechen sie Recht, und sie ist es, welche kraft der ihr zustehenden Justizhoheit den ordnungsmässigen Geschäftsgang in den Gerichten zu überwachen hat. Alle diese Aufgaben gehören in das Bereich der Justizverwaltung (судебное управленіе), an deren Spitze der Justizminister sich befindet. Als die wesentlichste Gewähr für die Unabhängigkeit der Richter wird allgemein deren Unabsetzbarkeit angesehen, d. h. ihre Sicherung vor willkührlicher Massregelnng. Der Richter soll nur durch gerichtlichen Urtheilsspruch seines Amtes verlustig gehen, mit anderen Worten, Niemand zu fürchten haben als die eigene Gesetzesverletzung. Auch diesen für den absoluten Staat schwerwiegenden Schritt hat die Gesetzgebung Alexanders II. gethan, denn sie bestimmt, dass kein Richter anders als durch gerichtliches Urtheil des Amtes verlustig gehen oder gegen seinen Willen versetzt werden dürfe und von einer Amtssuspension nur bei gleichzeitiger strafrechtlicher Anklage betroffen werden könne.*) Zu Richtern sollen nur Rechtskundige ernannt werden, also Personen, welche das Rechtsstudium auf einer Universität, beziehungsweise in der Rechtsschule absolvirten oder sich einer entsprechenden Prüfung unterzogen oder im Dienst ihre Rechtskenntnisse bewiesen. Von den Friedensrichtern verlangt das Gesetz nur Gymnasialbildung. Nach dem System der geltenden Gerichtsordnung giebt es zwei die Materie der anhängigen Sachen beurtheilende Gerichte und eine Kassationsinstanz.

---

*) Diese der Justizverwaltung oft nicht bequemen Bestimmungen sind häufig dadurch umgangen worden, dass man die Richter „in Stellvertretung“ ernannte. Die Beseitigung dieses Unfuges ist als durchaus erforderlich bereits in der Presse zur Sprache gebracht worden.

Es sind zu unterscheiden: einerseits die Friedensgerichte (мировыя судебны мѣста) und die allgemeinen Gerichte (общія судебныя мѣста), andererseits die besonderen Gerichte (особенные суды), welche einen sachlich beschränkten Wirkungskreis haben. Zu den letzteren gehören: die Bauerngerichte (крестьянскіе с.), die Handelsgerichte (коммерческіе с.), die geistlichen Gerichte (духовные с.), die Kriegsgerichte (военные с.) und endlich das Höchste Kriminalgericht (Верховный Уголовный Судъ). Dieses tritt nur auf besonderen Befehl des Kaisers zusammen, um über Staatsverbrechen zu urtheilen, wenn in verschiedenen Theilen des Reiches eine Verschwörung wider die oberste Gewalt, die Regierungsform oder die Thronfolgeordnung stattfindet. Den Vorsitz führt der Präsident des Reichraths. Mitglieder sind: die Prasidenten der Reichsrathsdepartements und die Vorsitzenden der Kassationsdepartements des Senats und ihrer Allgemeinen Versammlung. Als Ankläger fungirt der Justizminister. Alle diese besonderen Gerichte verfahren auf Grund besonderer Bestimmungen.

Die Friedensrichterlichen Institutionen.

§ 45. In der unteren Stufe fungirt ein Einzelrichter, welchem nicht einmal ein Schriftführer beigegeben ist. Jeder Kreis (§ 3,2) zerfällt in eine Anzahl von Friedensrichterdistrikten (мировой участокъ) von sehr verschiedener Grösse und Bevölkerungszahl, wo der Friedensrichter (мировой судья) geringfügige Civilsachen (bis zum Werth von 30 Rbl. inappellabel) und bis zum Werth von 500 Rbl. appellabel entscheidet; seiner Judikatur unterliegen auch Streitigkeiten um Immobiliarbesitz und Servituten. Strafsachen verhandelt er nach den Grundsätzen des Untersuchungsverfahrens, soweit sie die im Friedensrichter-Strafgesetz vorgesehenen Vergehen betreffen und kann bis auf ein Jahr Gefängniss und 300 Rbl.

Geldstrafe erkennen; diese Sachen gelangen an ihn auf Anzeige des Verletzten oder der Polizei.

In Sachen der nicht streitigen Gerichtsbarkeit steht dem Friedensrichter die Sicherung und Inventur von Nachlässen, die Ausstellung von Erbbescheinigungen und wo kein öffentlicher Notar vorhanden, die Beglaubigung von Urkunden zu. Neben diesen besoldeten Friedensrichtern werden noch aus der Zahl angesehener im Kreise angesessener Personen, Ehrenfriedensrichter (почетный мировой судья) ernannt. Diese treten nur stellvertretend oder in dem Falle ein, wenn beide streitenden Theile sich speziell an sie wenden und fungiren dann ganz mit denselben Kompetenzen wie ihre besoldeten Amtskollegen. Ueberdies sind sie befugt in der zweiten Instanz, der Friedensrichter-Versammlung (мировой съѣздъ), mitzuwirken. Die Versammlung besteht aus den Distriktsfriedensrichtern eines Kreises und wird nach Bedürfniss zur Erledigung der auf dem Appellationswege aus den einzelnen Distrikten devolvirten Sachen berufen. Derjenige Friedensrichter, dessen Urtheil in Frage kommt, scheidet bei der Verhandlung aus. Ein beständiges Mitglied (непремѣнный членъ) beaufsichtigt die Kanzlei, erledigt die laufenden Geschäfte und hat die Vorbereitungen der Verhandlungen zu leiten. Gegen die Urtheile der Versammlungen ist nur das Rechtsmittel der Kassationsbeschwerde zulässig, über welche der Dirigirende Senat zu entscheiden hat.

In einzelnen Gouvernements werden die Friedensrichter noch, — was bei Einführung der Justizreform die Regel sein sollte, — von der Bevölkerung auf drei Jahre gewählt, der Mehrzahl nach ernennt sie jetzt der Staat

Die allgemeinen Gerichte.

§ 46. Auch diese werden aus zwei Instanzen gebildet, dem Bezirksgericht (окружный судъ) und dem Appellhof (судебная палата).

Das, in verschiedene Abtheilungen zerfallende, meist für das Gebiet eines Gouvernements errichtete Bezirksgericht, ist in den die Kompetenz der Friedensrichter übersteigenden Civil- und Strafsachen zuständig In den letzteren wird, wo es sich um mit Verlust von Rechten bedrohte Verbrechen handelt, und das Gesetz keine besondere Ausnahme statuirt, wie z. B. in den Ostseeprovinzen, die Thatfrage von 12 Geschworenen beurtheilt. In den Bezirksgerichten gilt das Anklageverfahren. Als Ankläger fungiren die Prokureure (Staatsanwälte). Die Voruntersuchung wird von besonderen, den Prokureuren unterstellten Untersuchungsrichtern (судебный слѣдователь) ausgeführt.

Den im Bezirk angestellten Notaren steht die Abfassung und Beglaubigung privatrechtlicher Urkunden, wie Verträge, Testamente etc. zu. Die Berufung an den Appellhof ist in allen Sachen zulässig. Der Appellhof entscheidet in letzter Instanz alle vor das Bezirksgericht kompetirenden Civil- und Strafsachen. In erster Instanz gehören vor denselben Amtsverbrechen der Staatsbeamten von der VIII. bis zur V. Rangklasse und Staatsverbrechen, welche letztere unter Hinzuziehung von ständischen Vertretern aus dem Gouvernement des Angeschuldigten verhandelt werden. Die Urtheile des Appellhofes werden mit der Kassationsbeschwerde bei dem Civil- oder Kriminal-Kassations-Departement des dirigirenden Senats angefochten.

Da nach dem geltenden Civilprozess alle Streitigkeiten über Privatrechte von den Gerichten zu entscheiden sind, muss auch der Staat, soweit er als privatrechtliche Person auftritt, sich denselben unterwerfen. Unbedingt gilt das für mit demselben abgeschlossene Pachtverträge, während, wo es sich um andere mit dem Fiskus eingegangene Vereinbarungen und Verträge handelt, bis zur Erfüllung derselben nur die Beschwerde auf dem Verwaltungswege zulässig ist. Die gleiche Stellung, wie der Fiskus nehmen in dieser Hinsicht ein: die Apanagenverwaltung, die Hofverwaltungen der Mitglieder des Kaiserhauses, die geistlichen Anstalten aller christlichen Konfessionen und der Mohammedaner, die staatlichen Schulverwaltungen und andere Staatsanstalten, die Landschaften und Städte. Die Erhebung von Steuern, Gebühren, Zöllen etc. kann nicht den Gegenstand eines Rechtsstreites bilden; Sachen dieser Art werden von den Verwaltungsbehörden entschieden und sind demnach die betreffenden Verfügungen der einzelnen Behörden bei den ihnen vorgesetzten Instanzen, zuletzt beim dirigirenden Senat, mittelst Beschwerde anzufechten.

Die Vertretung vor Gericht.

§ 47. Ein Anwaltszwang besteht nicht. Dem vor dem Schwurgericht Angeklagten ist auf seine Bitte vom Gericht ein Vertheidiger zu bestellen. Zu gewerbsmässiger Vertretung vor Gericht ist eine besondere Bestallung erforderlich. Es giebt vereidigte Rechtsanwälte (присяжные повѣренные) und private Sachwalter (частные повѣренные). Die letzteren werden für einen bestimmten Jurisdiktionsbezirk (des Bezirksgerichts oder der Friedensrichter-Versammlung) von den betreffenden Gerichten ernannt und zwar nach vorgängiger Prüfung, oder wenn sie die Rechte studirt haben, ohne solche Prüfung. Die vereidigten Rechtsanwälte erhalten ihre Konzession von den Appellhöfen. Voraussetzung derselben ist die Qualifikation zum Justizamte und eine 5jährige Praxis im Justizfach oder unter Leitung eines vereidigten Rechtsanwalts.

Dritter Abschnitt.

Die Reichs-Verwaltungsbehörden.

A. Die Organe der Oberverwaltung.

Zur Ausübung der ihr unmittelbar zustehenden Oberverwaltung (§ 8, 2) bedient sich die souveräne Gewalt bestimmter Organe. Denselben ist vom Gesetz keine eigentliche Verwaltungsthätigkeit zugewiesen, sondern sie sind ausschliesslich dazu berufen, dem Kaiser, als dem einzigen Träger der souveränen Gewalt, berathend zur Seite zu stehen. Solche Organe sind: der Reichsrath, das Ministerkomité und der Ministerrath.

§ 48. I. **Der Reichsrath** (Государственный Совѣтъ).

Zuständigkeit. Das Wesen des Reichsraths wird im Gesetz folgendermassen bestimmt: „In der Reihe der Staatsinstitutionen bildet der Rath eine Körperschaft (сословіе), wo alle Zweige (части) der Verwaltung in ihren Hauptbeziehungen zur Gesetzgebung erwogen werden, und durch welche sie zur Allerhöchsten Kaiserlichen Gewalt gelangen.“ (Art. 1, Bd. I, Th. II der Reichsgesetze).

Man wird nicht behaupten können, dass diese Bestimmung sehr glücklich formulirt sei, aber so viel lässt sich aus ihr entnehmen, dass der Reichsrath die bei ihm zur Verhandlung gelangenden Sachen stets der Allerhöchsten Entscheidung zu unterbreiten hat. Er besitzt, wie oben gesagt worden, ein selbstständiges Thätigkeitsgebiet nicht und ist bei Erlass neuer

Gesetze mitzuwirken berufen, was der Art. 50 der Grundgesetze klar ausspricht. „Alle Gesetzesentwürfe werden im Reichsrath durchgesehen und gelangen dann zur Allerhöchsten Entscheidung.“ Zu seiner gesetzgeberischen Thätigkeit gehört dann noch die Erläuterung bestehender Gesetze, d. h. deren authentische Interpretation und die Kodifikation der Gesetze.*)

Weiter liegt ihm ob, seinen Rath auch in solchen Angelegenheiten der Verwaltung oder des allgemeinen Staatswohles zu ertheilen, welche im Gesetz nicht vorgesehen waren oder sich einer gesetzlichen Regelung entziehen und ausserhalb der Befugnisse der Minister liegen. Dazu gehören z. B. die Kriegserklärung, der Friedensschluss und andere wichtige Massnahmen, „sofern ihnen nach Lage der Dinge, eine Vorberathung vorausgehen kann“. Da die gesetzgebende Gewalt auch die etwa nothwendigen Ausnahmen von bestehenden Gesetzen zu statuiren hat, ist der Reichsrath hierbei ebenfalls mitzuwirken berufen. Darum beräth er die Satzungen von Aktiengesellschaften, falls diese besondere Vorrechte beanspruchen, Enteignungssachen, die Verleihung des Fürsten-, Grafen- oder Barontitels. In Bezug auf die oberste Finanzverwaltung kompetirt dem Reichsrath: Die Durchsicht des Reichsbudgets, des Jahresberichtes über die Realisirung des Budgets, die Ergreifung von Massnahmen zur Herstellung des Gleichgewichts der Einnahmen und Ausgaben, ausserordentliche Finanzmassregeln, Prüfung des Finanzetats der einzelnen Ministerien und Hauptverwaltungen, Anweisung ausseretatsmässiger Kredite, Genehmigung der Einführung neuer Kommunalsteuern oder aussergesetzlicher Erhöhung solcher in den Städten, Erlass von staatlichen Steuerrückständen und Forderungen, Veräusserung

*) Nach der Anmerkung 1 zum Art. 50 l. c. sind Ergänzungen und Erläuterungen der Militärgesetze, welche mit den allgemeinen Staatseinrichtungen in keinem Zusammenhang stehen, oder nur einen rein technischen Charakter haben, ohne Vorberathung im Reichsrath, direkt vom Kriegsrath oder dem Admiralitätsrath dem Kaiser vorzustellen. (Vgl auch Art. 24 Bd. I Th. II der Reichsgesetze).

von Staatseigenthum, wenn dazu nach dem Gesetz die Genehmigung des Kaisers erforderlich ist.

In Justizsachen wirkt der Reichsrath mit, sofern es sich um die Verletzung von Amtspflichten der Reichsrathsglieder, Minister, Oberverwaltenden bestimmter Zweige und General-Gouverneure handelt, oder falls in den drei ersten Rangklassen stehende Staatsbeamte, Militäroberbefehlshaber und mit diesen in gleicher Stellung befindliche Personen für Amtsverbrechen in Anklagezustand versetzt werden sollen Er verhandelt endlich alle diejenigen Sachen, welche ihm vom Kaiser überwiesen werden.

§ 49. Zusammensetzung. Vorsitzender des Reichsraths ist der Kaiser. Im Falle der Abwesenheit wird derselbe von einem alljährlich Allerhöchst hierzu ernannten Mitgliede vertreten. Die Minister haben von amtswegen Sitz und Stimme im Reichsrath. Die sonstigen Mitglieder werden aus den höchsten aktiven oder inaktiven Staatsbeamten der verschiedensten Ressorts vom Kaiser ernannt. Er zerfällt in eine Allgemeine Versammlung und in Departements, welche gewissermassen als Kommissionen der ersteren zu fungiren haben, da die dort zur Verhandlung gelangenden Vorlagen immer erst in einem der Departements berathen bezw. durchgearbeitet werden, sofern nicht ein Kaiserlicher Befehl ihre direkte Verhandlung in der Allgemeinen Versammlung anordnen sollte. Solcher Departements giebt es vier und zwar: 1. für Gesetzgebung; 2. für Militärsachen;*) 3. für Civil- und geistliche Sachen; 4. für Staatsökonomie. Die in diesen Departements berathenen Sachen gelangen mit wenigen im Gesetz speziell aufgeführten Ausnahmen nicht direkt, sondern erst nach Berathung in der Allgemeinen Versammlung zur Entscheidung des Kaisers. In die Departements gelangen die Vorlagen entweder auf Befehl des Kaisers oder sie werden von den Ressortministern vor-

*) Das Departement für Militärsachen steht nur auf dem Papier, denn es ist seit Jahren unbesetzt.

gestellt Zu den Sitzungen der Departements pflegt, wenn es sich um Sachen des Heiligsten Synods handelt, dessen Oberprokureur geladen zu werden, auch können die Departements nach eigenem Befinden dritte Personen, von denen sie nützliche Auskünfte erwarten, zu ihren Berathungen hinzuziehen. Ausser der Staatskanzlei, welche von dem Staatssekretär geleitet wird, dem auch der Vortrag der Sache in der Allgemeinen Versammlung obliegt, befindet sich beim Reichsrath die Kodifikationsabtheilung (früher II. Abtheilung der eigenen Kanzlei des Kaisers). Bei Sachen, deren Natur eine vorbereitende Thätigkeit mehrerer Departements erfordert, finden kombinirte Sessionen derselben statt, ausserdem werden Eisenbahnkonzessionen, bei denen der Staat einer Privatperson gegenüber irgend eine Garantie, Subsidie oder eine sonstige Verpflichtung übernimmt, in gemeinschaftlicher Sitzung des Departements für Staatsökonomie und des Ministerkomité berathen. Wird in den Sitzungen des Reichsraths eine Einstimmigkeit nicht erzielt, so stellt derselbe dem Kaiser in der Regel nur ein Mehrheits- und ein Minderheits-Votum unter Angabe der abgegebenen Stimmenzahl vor, doch ist es den einzelnen Mitgliedern gestattet, ihre abweichenden Meinungen schriftlich einzuliefern. Die Reichsrathsgutachten werden in der Form von „Memorialen" dem Kaiser unterbreitet. In welcher Art ihre Bestätigung und die Veröffentlichung dieser erfolgt, ist oben (§ 39) ausgeführt worden.*)

§ 50. II. **Der Ministerkomité** (Комитетъ Министровъ). Wenn sich auch die Verwaltungsthätigkeit der einzelnen Ressortminister im Allgemeinen sehr wohl abgrenzen lässt, so erzeugt doch die Vielgestaltigkeit des staatlichen Lebens häufig Ver-

*) Die Anmerkung zu Art. 80 Bd. I Th. II der Reichsgesetze enthält die originelle Bestimmung, dass die mündlichen Aeusserungen im Reichsrath, sowie die schriftlichen Vota nur in russischer Sprache zu erfolgen haben.

waltungsfragen, bei deren Entscheidung ein Zusammenwirken mehrerer Ressorts wünschenswerth ist, damit nicht einseitige, sondern die allgemeinen Interessen des Staats den Ausschlag geben. Aus diesem Grund ist eine beständige Fühlung der mit Leitung der verschiedenen Verwaltungszweige betrauten Minister unter einander erforderlich. Diesem Bedürfniss wurde nach der im Jahre 1802 erfolgten Begründung der Ministerien in der Weise Rechnung getragen, dass man neben Separatvorträgen, welche der einzelne Minister dem Kaiser zu halten hatte, noch gemeinschaftliche einführte, d. h. Vorträge, denen die sämmtlichen Minister beiwohnten; aus dieser Gepflogenheit hat sich dann der Ministerkomité zu einer ständigen Institution ausgestaltet, ist von einzelnen Herrschern zu Entscheidungen in den wichtigsten Staatsangelegenheiten berufen worden und hat häufig Festsetzungen erlassen, welche als neue Gesetze eigentlich durch den Reichsrath hätten berathen werden sollen. Dieselben sind allerdings meist als „ausserordentliche" oder „zeitweilige" bezeichnet worden, doch wird dadurch ihr Charakter als neue Gesetze nicht geändert, weil sie sich keineswegs innerhalb des Gesetzesrahmens bewegten, sondern bestehende Gesetze änderten oder aufhoben. Es sei hier nur darauf hingewiesen, dass die (§ 21) erwähnten Bestimmungen über den „ausserordentlichen Schutz" vom Jahre 1881 dem Ministerkomité ihre Entstehung verdanken. Allerdings gehört zu der gesetzlichen Kompetenz desselben auch die Ergreifung von Massregeln zur Sicherung der öffentlichen Ruhe und Ordnung, aber ihrem Inhalte nach gehen jene Bestimmungen weit über diesen Kompetenzkreis hinaus, da sie die gesetzlichen Befugnisse einzelner Behörden und Amtspersonen theils lahmlegen, theils bedeutend erweitern und in die Rechtssphäre der einzelnen Unterhanen in gewaltsamster Weise eingreifen. Man kommt eben auch hier wieder zu dem Ergebniss, dass, da der Wille des unumschränkten Herrschers die einzige Quelle des Gesetzes bietet, jede staatliche Ordnung durch ihn durchbrochen werden kann, und es von ihm abhängt, ob er im gegebenen Falle den

Reichsrath,*) den Ministerkomité, oder den einzelnen Ressortminister bei Erlass eines neuen Gesetzes zu Rathe zu ziehen und mitwirken zu lassen gesonnen ist.

§ 51. Zuständigkeit. Vor den Ministerkomité gehören:

1. Laufende Sachen aus allen Gebieten der ministeriellen Verwaltung, sofern sie: a) eine Berathung oder Mitwirkung mehrerer Ressorts erfordern; b) wenn der Ressortminister bei ihrer Entscheidung oder Ausführung auf Zweifel stösst und c) falls sie ihrem Wesen nach die Kompetenz des Ressortministers überschreiten und einer Allerhöchsten Entscheidung bedürfen.

2. Diejenigen Sachen, welche das Gesetz ihm ausdrücklich zuweist. Dieselben sind in 20 Punkten des Art. 26 l. c. aufgeführt und umfassen die heterogensten Gegenstande, welche man in folgende Kathegorien theilen kann: a) Sachen der höheren Polizei; b) Finanzsachen, c) Personalsachen der Administration; d) Angelegenheiten der Selbstverwaltungskörper. Ohne uns auf eine Aufzählung aller dieser Gegenstände einzulassen, wollen wir die bedeutsamsten derselben unter Einhaltung obiger Kathegorien nennen.

Sachen der höheren Polizei. Hierzu gehören Massnahmen zum Schutze der allgemeinen Ordnung und Sicherheit, sowie der Volksverpflegung, Angelegenheiten, betreffend die Bildung verbotener Gesellschaften, Vereine etc., Sektirersachen, die Unterdrückung censurfrei erscheinender Bücher und Zeitschriften u. dgl. m.

Finanzsachen. Der Ministerkomité bestätigt die Satzungen von Kompagnien und Aktiengesellschaften, sofern dieselben keine besonderen Privilegien, Staatszuschüsse u. s. w. verlangen, hierzu gehört auch die Ertheilung von Eisenbahn-

---

*) Der Art. 28 Bd. I Th II Buch II der Reichsgesetze verbietet ausdrücklich bei dem Ministerkomité Angelegenheiten einzubringen, welche ihrem Inhalte nach vor den Reichsrath oder den Dirigirenden Senat gehören.

konzessionen an Privatpersonen, er entscheidet über den Bau von Staatsbahnen,*) setzt Etats für provisorisch ernannte Behörden fest, verfügt über Stiftungen zu Gunsten juristischer Personen, wenn die Stifter nicht mehr am Leben sind und die veränderten Umstände eine Veränderung der Verwendung des Stiftungsvermögens erheischen, er hat die Festsetzung von Pensionen und einmaligen Unterstützungen, wenn sie das Maass der dem einzelnen Minister zustehenden Befugniss überschreiten u. s. w., ihm gebühren die Personalsachen der Administration. Hierher gehört die Ertheilung von Verweisen an Gouverneure und Gouvernementsregierungen auf Antrag eines Ministers oder des Senats, die Festsetzung darüber in welcher Form, Frist und Ordnung die Allerunterthänigsten Berichte der Gouverneure vorzustellen sind, die Bestimmung darüber, welche Staats- und Kommunalämter deren Inhaber vom Kriegsdienst befreien etc. etc.

Angelegenheiten der Selbstverwaltungskörper. Hinsichtlich der Selbstverwaltungskörper stehen dem Ministerkomité zwei Befugnisse zu: erstens sind ihm, falls irgend welche Gesuche der Gouvernements-Landschaftsversammlungen von einem Minister abgewiesen werden sollen, bevor die Abweisung erfolgt, die Akten zur Prüfung vorzustellen und zweitens steht ihm zu, die von den Landschafts- und Stadtverordnetenversammlungen gefassten Beschlüsse aufzuheben oder abzuändern, falls dieselben den Interessen des Staates nicht entsprechen oder diejenigen der Ortsbevölkerung offenbar verletzen und die Abänderung nicht eine höhere Besteuerung nach sich zieht, als von der betreffenden Versammlung beschlossen worden.

---

*) Im Jahre 1893 wurde ein besonderer Komité der Sibirischen Eisenbahn errichtet, welcher sehr unabhängig dasteht. Mitglieder sind die Minister des Innern, der Domanen, Finanzen, des Verkehrswesens, des Krieges, der Verwaltende des Marineministeriums und der Reichskontroleur. Der Vorsitzende und sein Stellvertreter werden vom Kaiser ernannt

Ausser diesen Gegenständen sind dem Ministerkomité auch noch die Funktionen verschiedener höherer Verwaltungsorgane übertragen worden, welche für einzelne Reichstheile errichtet waren, wie des Kaukasischen-, des Ostsee-Komité, des Sibirischen Komité, des Komité für das Königreich Polen, des Obersten Komité für Bauernsachen u. dgl. m. Endlich bestimmt noch Art. 27 l. c., dass der Generalgouverneur von Finnland in Angelegenheiten, welche das Reich und das Grossfürstenthum zugleich berühren, sofern sie keine Aenderung der Finnländischen Gesetze erfordern, sich mit einem Gutachten an den Ministerkomité zu wenden befugt ist

Der Ministerkomité entbehrt, gleich dem Reichsrath, jeder eigenen Initiative und verhandelt nur auf Antrag der Minister und Oberverwaltenden oder auf Befehl Sr. Majestät des Kaisers, dessen Bestätigung seine Beschlüsse mit nur wenigen Ausnahmen zu unterliegen haben. Die Ausführung derselben ist Sache der Ressortminister. In den vom Finnländischen Generalgouverneur eingebrachten Angelegenheiten wird diesem die Veröffentlichung und Ausführung des Allerh. bestätigten Ministerkomité-Beschlusses übertragen.

§ 52. Zusammensetzung. Mitglieder des Ministerkomité sind die sämmtlichen Minister und gleiche Rechte mit diesen geniessenden Oberverwaltenden, die Vorsitzenden der Reichsrathsdepartements, der Chef der Kodifikationsabtheilung und besonders Allerhöchst ernannte Personen. Ausserdem nimmt, sofern Anträge des Finnländischen Generalgouverneurs zur Verhandlung gelangen, dieser an deren Berathung Theil und ebenso der Oberprokureur des Heiligsten Synod, wenn dessen Thätigkeitsgebiet berührende Angelegenheiten in Frage kommen. Dem Ministerkomité steht es endlich zu, jeden Leiter einer beliebigen Behörde zur Theilnahme an den Sitzungen zu laden. Der Vorsitzende wird von des Kaisers Majestät speziell ernannt.

§ 53. III. **Der Ministerrath** (Совѣтъ Министровъ). Die im Laufe der Zeit immer mehr an Ausdehnung gewinnende Thätigkeit des Ministerkomité brachte es mit sich, dass sein ursprünglicher Zweck, gemeinschaftlichen Vortrages der wichtigsten Gegenstände mit sich anschliessender Berathung in Gegenwart des Kaisers, gegenüber der Erledigung laufender Geschäfte zurücktrat. Daher machte sich bald das Bedürfniss geltend, hierfür einen Körper zu schaffen, der den Ministern die Gelegenheit bieten sollte, mit einander und in intimster Weise mit dem Herrscher die allgemeinen Gesichtspunkte der Staatsleitung festzustellen. Zu dieser Aufgabe wurde im Jahre 1861 der Ministerrath berufen.

§ 54. Zuständigkeit. Er beschäftigt sich 1. mit den von den Ressortministern oder Oberverwaltenden ausgearbeiteten Gesetzesentwürfen und bestimmt, ob dieselben im Reichsrath eingebracht werden sollen; 2. mit den ministeriellen Vorschlägen zur Beseitigung aller in der Verwaltung hervortretenden Schwierigkeiten und Hindernisse. Ihm ist 3. Mittheilung von allen seitens der einzelnen Minister in ihren Ressorts getroffenen wichtigen Verfügungen zu machen, damit die Kollegen von denselben Kenntniss erhalten und eine Einheitlichkeit in der Verwaltung erzielt werde. Er beräth 4. die gemeinsamen Massnahmen verschiedener Verwaltungszweige, fur welche keine hohere Institution des Staats zuständig ist. 5. Es gelangen an ihn die Beschlüsse der Allerhöchst zur Durchsicht von Rechenschaftsberichten der Minister und Oberverwaltenden niedergesetzten Kommissionen, endlich 6. alle Angelegenheiten, welche der Kaiser ihm zuweist. Eine Initiative fehlt auch diesem Körper; damit er in Berathung trete, ist jedesmal und und für jeden einzelnen Berathungsgegenstand eine Allerhöchste Verfügung erforderlich, um welche die Minister oder Oberverwaltenden direkt beim Kaiser einzukommen haben.

§ 55 Zusammensetzung. Den Vorsitz führt Se. Majestät persönlich. Mitglieder sind die Minister und diejenigen Oberverwaltenden, welche den Ministern gleichberechtigt, im Ministerkomité Sitz und Stimme haben. Auch können dritte Personen auf unmittelbaren kaiserlichen Befehl an den Sitzungen Theil nehmen. Endlich muss der Staatssekretär stets zur Stelle sein und ist befugt, in allen Gesetzgebungsfragen Auskünfte aus den Akten des Reichsraths zu geben. Falls es Sr. Majestät beliebt, den Berathungen irgend einer Sache nicht persönlich beizuwohnen, wird für dieselben eine Kommission bestimmt, deren Beschlüsse dem Kaiser zur Genehmigung bezw. Entscheidung vorgestellt werden.

Ministerkomité und Ministerrath sind zwei einander sehr verwandte Körperschaften, deren Arbeitsfeld und Zuständigkeit nicht scharf abgegrenzt ist, sich aber im Allgemeinen dahin bestimmen lässt, dass der Schwerpunkt der Aufgaben des Ministerkomité in der Sphäre der Verwaltung, derjenige des Ministerraths in der Gesetzgebungssphäre belegen ist. In dieser Hinsicht konkurrirt letzterer bis zu einem gewissen Grade mit dem Reichsrath. Das Unterscheidungsmerkmal dieser beiden Körper kann mit Prof. Alexejew darin gefunden werden, dass der Ministerkomité den Kaiser bei Ausübung des Rechts der Gesetzesinitiative, der Reichsrath bei der Gesetzessanktion zu berathen hat*)

B. Die Organe der Unterverwaltung.

§ 56. I. **Der Dirigirende Senat** (Правительствующій Сенатъ). Das Gesetz bezeichnet den Senat als die oberste Gerichts-, Verwaltungs- und Exekutivbehörde, ihm sind alle Behörden des Reichs untergeordnet, mit Ausnahme der höchsten Staatsinstitutionen und derjenigen, welche das Gesetz speziell als ihm nicht untergeordnet bezeichnet. Dem Senat gebührt die Aufsicht über die Verwaltung und die Exekutive. Daher sorgt er, als Wächter der Gesetze, aller Orten für die Pflege der Gerechtigkeit; er überwacht die Erhebung der Steuern und die etatsmässigen Ausgaben, sucht nach Mitteln zur Erleichterung

---

*) „Руское государственное Право.“ Конспектъ лекцій А. С Алексѣева Москва 1897.

von Nöthen des Volkes, zur Sicherung der allgemeinen Ruhe und zur Verhinderung jeglicher widergesetzlicher Handlungen aller ihm untergeordneter Behörden Der unparteiischen, ohne Ansehen der Person vom Senat zu übenden Gerechtigkeitspflege gebührt die oberste Revision des Gerichts in Civil-, Straf- und Messungssachen, auch ist er oberstes Kassationsgericht. Der Vorsitz im Senat wird einzig von der Person Sr. Majestät des Kaisers ausgeübt.

Noch viel weiter gehende Befugnisse standen dem von Peter dem Grossen ins Leben gerufenen Senat zu, denn es vereinigte sich in ihm früher die gesammte Regierungsgewalt. Dieser ist er allmählich durch Schaffung des Reichsraths, des Ministerkomité und Ministerraths, der Bittschriften-Kommission sowie durch Erweiterung der den einzelnen Ministern zustehenden Befugnisse verlustig gegangen und namentlich hat er auf dem Gebiete der Gesetzgebung seine frühere Zuständigkeit eingebüsst. Diese Thatsache steht mit der Konsolidirung des Staates im engsten Zusammenhange. Durch Errichtung des Reichsraths mussten die Gesetzgebungsfragen diesem zufallen und es ist nur zu bedauern, dass neben demselben auch der Ministerkomité, der Ministerrath und die einzelnen Minister mit Allerhöchster Genehmigung Gesetze oder Verordnungen mit Gesetzeskraft erlassen können. Mit Schaffung jener Institutionen war die Möglichkeit geboten, in den obersten Instanzen eine wünschenswerthe Trennung der drei Funktionen — Gesetzgebung (Reichsrath), Verwaltung (Ministerkomité und Ministerrath) und Justiz (Senat) — durchzuführen und hat offenbar seiner Zeit dieser Gedanke den Gesetzgebern und deren Mitarbeitern vorgeschwebt, er ist aber nicht mit nöthiger Klarheit zur Ausführung gebracht worden. Daher blieb der Senat, dem im Laufe der Zeiten ganz heterogene Aufgaben zufielen, wie aus den oben angeführten Gesetzesbestimmungen ersichtlich, ein judiciär-administratives mixtum compositum.

Uebrigens ist der Senat auch heutigen Tages nicht ganz ohne Einfluss auf die Gesetzgebung, denn es ist ihm gestattet,

Entwürfe zu neuen Gesetzen oder zur Abänderung bestehender durch den Justizminister und Reichsrath, dem Kaiser zu unterbreiten oder Sr. Kaiserlichen Majestät auf demselben Wege eine Vorstellung zu machen, sobald er finden sollte, dass die Ausführung irgend eines bestehenden Gesetzes mit Schwierigkeiten verbunden ist. Allerdings wird diese Befugniss wesentlich durch den Zusatz eingeschränkt, dass sie sich nicht auf von der Allerhöchsten Gewalt neu erlassene oder bestätigte Gesetze beziehe. Diese Einschränkung beruht auf einem Ukas Alexander I. vom Jahre 1803 und ist dem Art. 74 der Grundgesetze eingefügt. Andererseits hat der Senat unter gewissen Umständen die Gesetzlichkeit ministerieller Verordnungen zu überwachen und über dieselbe Entscheidung zu treffen, selbst wenn sie sich auf einen Allerhöchsten Befehl stützen sollten. Das ist ebenfalls in den Grundgesetzen Art. 77 und 78 festgesetzt. Danach hat jede Behörde, welche der Meinung sein sollte, dass eine ihr ertheilte ministerielle, sogar sich auf einen Allerhöchsten Befehl stützende Vorschrift mit einem Gesetz oder mit einem die Allerhöchste Unterschrift tragenden Befehle im Widerspruch steht, dieselbe nicht zu erfüllen, sondern ihre Bedenken dem Minister zu unterbreiten. Erfolgt trotz derselben ein erneuter Befehl, so ist die betreffende Behörde verpflichtet, die Entscheidung des Senats anzurufen. Die Gouvernementsbehörden sind zwar befugt, auch wider einen Ukas des Senats zu remonstriren, aber wenn dieser ihn dennoch aufrecht erhält, ist er, wie in § 43 ausgeführt wurde, unbedingt zu erfüllen, als wäre er vom Kaiser selbst erlassen. Hierdurch gewährt das Gesetz dem Senat eine in der That grosse Machtvollkommenheit, doch ist diese hinsichtlich der wichtigsten Fragen insofern eingeschränkt, als das Einverständniss der Prokuratur bezw. des Justizministers, erfordert wird, welch' letzterer die Beschlüsse der allgemeinen Versammlungen durch den Reichsrath an den Kaiser bringen kann.

Ein nicht geringer Einfluss auf die Entscheidungen des Senats ist auch den einzelnen Ministern und Oberverwaltenden gewährt, insofern als zur Entscheidung gewisser Angelegenheiten die Anwesenheit des Ressortministers oder Oberverwaltenden erforderlich ist, welche, wenn das Departement ihren Anträgen nicht beipflichtet, die Sachen zur Entscheidung der allgemeinen Versammlung zu bringen befugt sind. Voller Selbstständigkeit erfreuen sich die beiden Kassationsdepartements, da deren Oberprokureure nur ein Gutachten abzugeben haben, sonst aber gar keinen Einfluss auf die Entscheidungen, welche allendliche sind, besitzen. Endlich ist noch daran zu erinnern, dass der Senat, wie bereits früher (§ 41) erwähnt worden, auf dem Gebiete der Gesetzgebung durch die ihm übertragene Publikation der Gesetze und Verordnungen eine wenn auch nur formale Thätigkeit auszuüben berufen ist. Neuerdings wird übrigens der Senat von den Ministern, welche ihre Verordnungen direkt im Staats-Anzeiger veröffentlichen, oft umgangen. Nach dem Gesetz ist auch die Amtsthätigkeit der Minister der Kontrole des Senats unterworfen, denn es steht demselben zu, wenn ihm scheint, dass sich in deren Verwaltung „bedeutsame Missbräuche" eingeschlichen haben, von ihnen Erklärungen einzuziehen und sofern diese nicht genügen, des Kaisers Entscheidung anzurufen. Dieser bedarf es auch bei Ertheilung von Verweisen an Gouverneure und Gouvernements-Behörden. Handelt es sich nur um Bemerkungen wegen staattgehabter Pflichtversäumniss, so bedarf es dazu zwar der Allerhöchsten Genehmigung nicht, aber der Justizminister ist solche Verfügungen nur dann auszuführen verpflichtet, wenn er sie für gerechtfertigt erachtet. So erweisen sich die dem Senat vom Gesetz ertheilten Aufsichtsbefugnisse als nur dem Scheine nach weitgehende, weil er in deren Ausübung von den Trägern der Regierungsgewalt beschränkt und behindert werden kann.

§ 57. Zusammensetzung. Zu Senatoren werden unmittelbar von der Kaiserlichen Majestät im Civil- oder Militärdienst stehende Personen ernannt; dieselben können zugleich mit dem Senatorenamt andere Aemter bekleiden. Zu Senatoren in den beiden Kassationsdepartements werden nur Personen ernannt, welche mindestens drei Jahre als Oberprokureure oder als Vorsitzende, Mitglieder oder Prokureure eines Appellhofes thätig waren. An den Senatssitzungen nehmen ausserdem Theil: 1. die Minister, 2. der Oberprokureur des Synod und 3. General- und Kriegsgouverneure, wenn sie in St. Petersburg anwesend sind, in Angelegenheiten ihrer Gouvernements. Es können zur Theilnahme an den Sitzungen auch dritte Personen geladen werden, doch haben diese nur eine berathende Stimme und ausschliesslich in denjenigen Angelegenheiten, zu welchen sie geladen werden. Plenarversammlungen des ganzen Dirigirenden Senats finden nicht statt Derselbe funktioniert vielmehr nur durch seine Departements und sogenannte allgemeine Versammlungen, welche aus der Vereinigung bestimmter Departements bestehen. Es giebt acht Departements, die sich hinsichtlich ihrer Thätigkeit folgendermaassen gruppieren lassen:

1. Departements für Verwaltungssachen. I., II. und III. Departement.

2. Departements für Justizsachen.

a) für Justizsachen alter Ordnung. Civildepartement (IV). Strafsachen-Departement (V).*)

b) Kassationssachen nach der neuen Justizordnung. Civilsachen (VI), Strafsachen (VII).

3. Das Mess-Departement (VIII), welches sowohl judiciäre als auch Verwaltungsfunktionen ausübt.

Bei der Allerhöchsten Ernennung der Senatoren wird zugleich bestimmt, in welchem Departement sie zu fungiren haben. Es müssen in den Sitzungen mindestens drei anwesend sein. Der Vorsitzende wird alljährlich auf Vortrag des Justizministers vom Kaiser ernannt. Eine Ausnahme hiervon macht das I. Departement. Hier übernimmt der dem Range nach

---

*) Diese beiden Departements stehen sozusagen auf dem Aussterbeetat, denn, wenn erst die Justizordnung Kaiser Alexanders II. im ganzen Reich zur Einführung gelangt sein wird, verbleibt ihnen nur ein sehr geringer Thätigkeitskreis

höchststehende Senator den Vorsitz. Es herrscht nämlich die Fiktion, dass Se. Majestät der Kaiser dem I. Departement präsidire und steht der Präsidialstuhl stets für ihn bereit. Bei jedem Departement befindet sich ein Oberprokureur, welcher über die Regelmässigkeit des Geschäftsganges und die Gesetzlichkeit der Entscheidungen zu wachen hat Ihm ist auch die Kanzlei unterstellt. Die Stellung der Senats-Departements ist eine von denjenigen der Reichsrath-Departements durchaus verschiedene. Im Reichsrath haben dieselben keine selbstständigen Befugnisse, sondern meist eine für die Verhandlungen im Plenum vorbereitende Thätigkeit auszuüben, während das Senats-Departement Entscheidungen Namens des ganzen Senats trifft, welche nur in ganz bestimmten, vom Gesetz vorgesehenen Fällen, sei es auf Allerhöchsten Befehl, sei es, weil die erforderliche Stimmenzahl nicht erreicht wurde, oder auf Verlangen der Oberprokureure und in gewissen Sachen der Minister und Oberverwaltenden an die allgemeine Versammlung gelangen.*) In den Art. 12 und 28 (Organisation des Senats, Reichsgesetzbuch Bd. I Th II Buch III) ist gesagt, dass es nur zwei allgemeine Versammlungen gebe und zwar: die erste, bestehend aus den Departements I, II und III und die zweite, bestehend aus den Justizdepartements (IV, V) und dem Mess-Departement (VIII). Gleichzeitig besagt aber der Art. 12, dass in gewissen Fällen auch allgemeine Versammlungen in anderen daselbst erwähnten Kombinationen zusammenberufen werden. Für die aus dem Kriegs- und Admiralitäts-Rath an den Senat gelangenden Sachen setzt das Gesetz in den Art. 134—144 l. c. eine besondere Art der Berathung fest.

§. 58. Zuständigkeit. Die dem Senat zugewiesenen Aufgaben sind in grossen Zügen bereits oben erwähnt worden, um die Stellung zu kennzeichnen, welche ihm in dem staat-

*) Als Regel gilt, dass die Entscheidungen in den Departements einstimmig zu erfolgen haben. Die Ausnahmen von derselben sind in den Art. 95—97 l. c. enthalten.

lichen Bau gebührt. Unter die einzelnen Departements, welche, wie erwähnt, als selbstständige Behörden aufzufassen sind, vertheilen sich die Befugnisse in der nachstehenden Weise:

Das erste Departement. Dasselbe hat es mit den wichtigsten Sachen der Verwaltung zu thun, denn ihm steht u. A. (Art. 19) zu:

1. Die Publikation und Aufbewahrung der Gesetze. Neue allgemeine Gesetze werden von den Ministern nicht zur Ausführung gebracht, ohne dass ein betreffender Ausführungsukas des Senats erfolgte. Ihm sind alle neuen Gesetze, sowie die Allerhöchsten erlassenen namentlichen Befehle zuzufertigen. (Grundgesetze Art. 56 und 57 Anmerkung 2.)

2. Die Erläuterung der Gesetze, falls in den diesem Departement unterstellten Behörden Zweifel entstanden.

3. Die Entscheidung von Kompetenzkonflikten der Unterbehörden und die Beaufsichtigung des Geschäftsganges in denselben.

4. Die Entscheidung über die Rechtsbeständigkeit der von den Landschafts- und Stadtverordneten-Versammlungen gefassten Beschlüsse, wenn über dieselben Beschwerde geführt wurde.

5. Die Ernennung und Bestätigung von Friedensrichtern.

6. Die Sicherung der Standesrechte und die allendliche Entscheidung in Fragen, betreffend den Uebergang aus einem Stande zu einem anderen. (Den Adelsstand ausgenommen, s. u. Heroldie-Departement.)

7. Die allendliche Erledigung der sogenannten Kronverwaltungssachen. Dazu gehören Streite mit der Krone um Besitz und Eigenthum, oder aus mit derselben geschlossenen Verträgen

8. Angelegenheiten, betreffend von der Reichskontrolle angeordnete Beitreibungen, sowie betreffend Rückzahlung durch die Krone zu Unrecht erhobener Summen, auch Streichung aussichtsloser Aussenstände.

9. Die Entscheidung über Meinungsverschiedenheiten, welche zwischen der Reichskontrolle einer- und dem Kriegs- oder Admiralitäts-Rath andererseits bei Revision des Rechnungswesens entstanden.

Das zweite Departement. Dieses entscheidet die ihm von den Gouvernementsbehörden auf Privatbeschwerde, oder, weil sie deren Kompetenz übersteigen, vorgestellten Sachen. Seine Hauptthätigkeit bilden die bäuerlichen Verwaltungsangelegenheiten; ihm sind daher die Gouvernementsbehörden für Bauernsachen direkt unterstellt und unterliegt die bäuerliche Gesetzgebung seiner Interpretation.

Das dritte Departement (Heroldie-Departement). Dasselbe ist zuständig für alle den Adelsstand betreffenden Fragen, es entscheidet über die Zugehörigkeit zum Adels- oder Ehrenbürgerstande, über die Berechtigung zur Führung von Titeln etc., hat die Bestätigung der Adelswahlen, wo eine solche gesetzlich erforderlich ist, die Verleihung der Rangklassen u s. w.

Die (alten) Justizdepartements (IV und V). An diese gelangen in letzter Instanz die Civil- und Strafsachen aus denjenigen Reichstheilen, wo die Justizgesetze Alexanders II. noch nicht in vollem Umfange eingeführt sind, auch erledigen sie selbst nach Einführung derselben die noch von früher her anhängigen Rechtssachen. Ihnen steht ferner die Entscheidung in Entmündigungsfragen u. dgl. m. zu.

Die (neuen) Kassationsdepartements. Deren Thätigkeit ist in dem Prozess für Civil- und Strafsachen der Justizgesetze Alexanders II. bestimmt.

Das Mess-Departement. Ihm unterstehen die Messbehörden und die Verwaltung des Messwesens, soweit diese nicht dem Justizministerium zugewiesen ist.

§ 59. II. **Der Heiligste dirigirend Synod.** (Святѣйшій Правительствующій Синодъ.) Mit Beseitigung des Patriarchates und Errichtung des Heiligsten Synod durch Peter d. Gr.

wurden in Russland die Kämpfe zwischen Kirche und Staat im Keime erstickt, da diese oberste Kirchenbehörde den Charakter einer Staatseinrichtung erhielt, welcher nur so viel Bewegungsfreiheit zusteht, als ihr der Staat zu gewähren angemessen findet. Dieser Gedanke der kirchlichen Unterordnung unter die Staatsgewalt, bezw. den Selbstherrscher, fand einen beredten Ausdruck in der Bestallung eines Oberprokureurs des Heiligsten Synod, eines nur dem Kaiser verantwortlichen weltlichen Beamten, dessen Aufgabe darin besteht, als „des Kaisers Auge", den Synod zu überwachen und den Zusammenhang zwischen dieser geistlichen Behörde und der obersten Staatsgewalt zu vermitteln. Auf diesem Wege ist eine innige Beziehung von Kirche und Staat hergestellt, und die Möglichkeit einer Einwirkung der ersteren auf letzteren geboten; dass diese von der obersten russischen Geistlichkeit in nicht geringem Masse ausgeübt wird, lässt die russische Gesetzgebung deutlich aus der Rücksicht erkennen, welche sie beständig auf die herrschende Kirche nimmt. Diese äussere, mehr formale Unterordnung hat somit den kirchlichen Interessen keinen Abbruch gethan, vielleicht sogar in gewisser Hinsicht wesentlichen Nutzen gebracht, insofern namentlich als dadurch die griechisch-orthodoxe Kirche erst zur „herrschenden", zur Staatskirche wurde und sich eines besonderen Staatsschutzes, sowie der staatlichen Autorität bei Durchführung kirchlicher Massnahmen erfreuen darf. Die beiden Gewalten, statt, wie im Occident der Fall gewesen, mit einander um die Herrschaft zu streiten, sind verbrüdert, stützen sich gegenseitig und s c h e i n e n den Weg gefunden zu haben, um Gott zu geben, was Gottes und dem Kaiser, was des Kaisers ist. Es unterliegt keinem Zweifel, dass diese Harmonie der beiden Machtfaktore sie und das russische Volk bislang vor schweren Kämpfen, die der übrigen Welt nicht erspart blieben, bewahrt hat und insofern kann man ihr einen gewissen Erfolg nicht absprechen. Indessen bleibt die Frage eine offene, ob, wenn man von dem hierarchischen Interesse, oder sagen wir, von demjenigen der äusseren kirchlichen Ordnung und Machtfülle absieht, die der herrschenden Staatskirche zusteht, ihre innere Kraft durch dieses Zwillingsverhältniss gefordert wird. Ja, man möchte das bezweifeln, weil sie doch mehr auf Krücken des Staates wandelt, als einer auf die Macht des Wortes Gottes, auf geistige Waffen angewiesenen Glaubensgemeinschaft zukömmlich ist. Die Hülfe der weltlichen Macht, welche angerufen wird — und niemals vergeblich — wenn es die Gewissen zu zwingen gilt, ist ein so verleitliches Mittel, um unbequemem geistigem Kampfe aus dem Wege zu gehen, dass es nicht zu verwundern ist, wenn die griechisch-orthodoxe Geistlichkeit sich desselben mit Vorliebe bedient, sowohl andern christlichen vom Gesetz anerkannten Gemeinschaften, als auch den Sektirern und Heiden gegenüber. Darum ist diese Geistlichkeit in ihrer überwiegenden Mehrzahl einem Kampfe mit Geisteswaffen nicht gewachsen und ihre Missionare beschränken sich meist darauf, die zahlreichen, sich immer mehrenden Sektirer aufzuspüren, um sie dann mit polizeilichen Mitteln zu bekämpfen, statt durch Lehre und Unterweisung. Daher kann man wohl der Meinung Ausdruck geben, dass jene Verquickung von Staat und Kirche dem Geistes- und Glaubensleben des Volkes nicht förderlich ist und aus diesem Grunde den beiden Machtfaktoren nur scheinbar nützt. Sie ist ein Bündniss wider die Freiheit des Gedankens, welche auch vom russischen Volke nur zeitweilig fern gehalten werden kann. Fasst aber diese einst Fuss, so wird die in Lethargie verfallene griechische Kirche ihr nicht zu widerstehen vermögen und den Staat, sofern dieser nicht rechtzeitig die ihn fesselnden Bande löst, in Mitleidenschaft ziehen.

Der Synod wirkt bei allen die kirchliche Gesetzgebung betreffenden Fragen mit, indem er entweder den Erlass neuer Gesetze anregt, oder bei deren Ausarbeitung und Berathung thätig ist, ja häufig die sonst dem Reichsrath zustehende Rolle übernimmt; denn da der Oberprokureur beständig die direkten Beziehungen zum Kaiser vermittelt, geschieht es nicht selten, dass vom Synod ausgehende Vorschläge, ohne dem Reichsrath überwiesen zu werden, die Allerhöchste Bestätigung und damit Gesetzeskraft erhalten. In kirchlichen Verwaltungssachen ist er die oberste Instanz, welcher die Eparchialverwaltungen und Konsistorien untergeordnet sind. Er sorgt für Erhaltung der Reinheit der Lehre, beaufsichtigt die geistlichen Akademien, Seminare und Kirchenschulen und übt durch seine Censoren die Censur über alle Schriften religiösen Inhaltes aus. Dem Synod steht ferner die Handhabung der Disziplin über die gesammte Geistlichkeit zu, endlich hat er die Entscheidung in Ehescheidungssachen und in Fragen über die Gültigkeit oder Ungültigkeit von Ehen. Zusammengesetzt wird der Synod aus ständigen vom Kaiser auf Lebenszeit ernannten Mitgliedern der höchsten Welt- oder Klostergeistlichkeit und auf Zeit zur Residirung berufenen Eparchial-Bischöfen. Vorsitzender ist der Mitropolit von Petersburg. Dem Synod steht keine Exekutivgewalt zu, diese liegt in der Hand des Oberprokureurs, welchem auch die Synodalkanzlei unterstellt ist. Die Verfügungen und Verordnungen werden in der Form von Synodalukasen erlassen.

III. **Die Ministerien.** (Министерства.) Allgemeines.

§ 60. Aufgaben. Die Ministerien werden vom Gesetz als diejenigen Staatsorgane bezeichnet, welche auf allen Verwaltungsgebieten die vollziehende Gewalt auszuüben haben. „Die Minister sind nicht befugt, Gesetze zu erlassen und neue Einrichtungen (учрежденія) ins Leben zu rufen, oder bestehende zu ändern.“ „Die Justizgewalt ist in ihrem ganzen Umfange dem Dirigirenden Senat und den Justizbehörden überwiesen. Daher kann kein Ministerium irgend Jemanden richten, noch irgend welche Rechtshändel (тяжбы) entscheiden.“

Neben diesen negativen Bestimmungen über die ministerielle Thätigkeit enthält das Gesetz noch die folgenden positiven: „Die Ministerien sind dazu da, um durch ununterbrochene Einwirkung und Aufsicht den Gesetzen nnd Einrichtungen eine schnelle und genaue Erfüllung zu sichern.“ — „Die Macht der

Minister besteht darin, dass sie alle ihnen unterstellten Behörden und Personen zur Erfüllung der Gesetze und Einrichtungen anhalten können." Zu diesem Zwecke sind sie befugt, bei Anstellung und Entlassung höherer Beamter mitzuwirken, bei niederen selbst zu entscheiden, von diesen Auskünfte zu verlangen, disziplinare Beahndungen festzusetzen und über Amtsentsetzung sowie Gerichtsübergabe zu beschliessen, endlich auf Grund der Gesetze alle sich deren Vollziehung entgegenstellenden Hemmnisse zu beseitigen, und sonstige zur Gesetzeserfüllung erforderlichen Massnahmen zu ergreifen. Hiernach ist ihre Thätigkeit in den Rahmen des Gesetzes gebannt, der indessen in der Praxis nicht eingehalten zu werden pflegt, da sich die Minister häufig veranlasst sehen, Verfügungen und Verordnungen zu erlassen, welche die bestehenden Gesetze ergänzen und über die eigentliche Grenze einer nur vollziehenden Thätigkeit hinausgehen. Hierzu bietet ihnen die Bestimmung eine willkommene Handhabe, wonach sie in aussergewöhnlichen Fällen, welche einer höheren Entscheidung bedürfen, bei Gefahr im Verzuge, von der Einholung solcher Entscheidung absehen, selbstständig handeln können und nachträglich über das Geschehene zu berichten haben. Für die mit dem Kaiser beständig verkehrenden und dessen Vertrauen geniessenden Minister ist es nicht schwer, derartige Massnahmen nachträglich genehmigen zu lassen und schon darum hat es keinen praktischen Wert, wenn im Gesetz gesagt wird, dass kein Beamter verpflichtet sei, eine dem Gesetze widerstreitende ministerielle Anordnung auszuführen, sondern Vorstellung zu machen, eventuell dem Senat zu berichten habe, ausserdem läuft der Beamte persönlich kaum eine Gefahr, wenn er des Ministers Befehlen gehorsamt, sondern kann sich dessen Schutzes versichert halten, während er, der ganz von dem Minister abhängig ist, durch diesen, ohne Recht der Berufung an eine andere Instanz, vom Amte entfernt werden kann, wenn er dem Minister in dessen Amtsthätigkeit sich als hinderlich oder unbequem erweist. Auch die oben angeführten Gesetze, durch welche die vollziehende Gewalt der Minister von der judiciären abgegrenzt werden, entsprechen dem thatsächlichen Zustande der Dinge nicht vollkommen, weil in gewissen Fällen den Ministern sehr weitgehende strafrechtliche Befugnisse zustehen. So kann der Minister des Innern ihm politisch verdächtig erscheinenden Personen den Aufenthalt an gewissen Orten untersagen, ihre Freiheit durch Stellung unter die Aufsicht der Polizei wesentlich einschränken u. s w. Sehr bedeutsam ist die Thätigkeit der Minister auf dem Gebiete der Gesetzgebung, schon durch die dem Ministerrath in dieser Hinsicht zustehenden Befugnisse, dann aber auch, weil thatsächlich fast alle in den Reichsrath gelangenden Gesetzesvorlagen von ihnen ausgearbeitet werden. Ihr Recht, an den Sitzungen dieses Berathungskörpers theilzunehmen, sichert ihnen dann noch in demselben einen Einfluss. Von einem solidarisch wirkenden Gesammtministerium, wie es in konstitutionellen Staaten besteht, kann natürlich in Russland keine Rede sein, weil die Minister einzig und allein dem Kaiser, welcher sie ernennt, verantwortlich sind und, wie wir sahen, weder Ministerrath, noch Ministerkomité eine derartige Solidarität darstellen oder anbahnen. Soweit eine Gemeinschaft der Anschauungen und der aus ihr sich ergebenden zielbewussten Thätigkeit der einzelnen Ressortminister erforderlich ist, wird sie durch den Willen des Monarchen hervorgerufen, der neben dem Gesetz allein die Richtschnur ihres Wirkens bestimmt. Zu diesem Zwecke stellt jeder Minister alljährlich dem Kaiser einen Bericht vor, welcher nicht allein Rechenschaft über das verflossene Verwaltungsjahr giebt, sondern gleichsam programmatisch ausführt, welche Maassnahmen in Aussicht genommen werden, von welchen Gesichtspunkten die Verwaltung des speziellen Ressorts ausgeht und welche Ziele sie verfolgt. Genehmigt der Kaiser dieselben, so kann man wohl sagen, ist der Minister schon im voraus gedeckt und von der Verantwortung befreit. Ueber diese enthält das Gesetz mehrfache Bestimmungen, die darin bemerkenswerth sind, dass eine grössere Zahl derselben sich darüber ergeht, in welchen

Fällen die Verantwortung zu cessiren habe, während nur zwei von ihnen festsetzen, wann der Minister verantwortlich sei. Das ist der Fall:

1. Wenn er seine Befugnisse überschritt, und 2. wenn er durch Unthätigkeit einem bedeutsamen Missbrauch oder einer Schädigung des Staates Vorschub leistete. — Abgesehen davon, dass diesen Regeln mehrfache Ausnahmen folgen, ist ihre Anwendbarkeit wegen der nicht sehr präcisen Formulirung doch wohl recht schwierig. Allerdings liesse sich, da der Minister, wie wir sahen, nur innerhalb des gesetzlichen Rahmens zu handeln befugt ist, eine Amtsüberschreitung in vielen Fällen wohl nachweisen, jedenfalls leichter als der zweite Fall der strafbaren Unthätigkeit. Allein, man steht immer vor der Frage, ob er nicht für seine Handlung Allerhöchst oder durch die oben erwähnte Befugniss, in ausserordentlichen Fällen auch ausserordentliche Massnahmen ergreifen zu dürfen, gedeckt ist, und es wird dadurch die Neigung, den Minister einer Ueberschreitung seiner Amtsbefugnisse zu bezichtigen, sehr wesentlich eingeschränkt. Wer ist denn überhaupt dazu befugt? Zunächst die durch seine Anordnungen geschädigten Privatpersonen, dann die ihm untergebenen Behörden und Amtspersonen, die sich, wie wir oben ausführten, dessen kaum getrauen dürften und endlich der Dirigirende Senat. Diesem steht es zu, wenn er bedeutsame Missbräuche entdeckte, oder wahrnahm, dass die in den ministeriellen, an den Kaiser gerichteten Berichten enthaltenen Angaben mit den Thatsachen im Widerspruch stehen, von dem Minister eine Erklärung einzufordern, und sofern ihn diese nicht befriedigt, darüber dem Kaiser Vorstellung zu machen. Auch die Beschwerden der Privatpersonen gelangen an diesen, und somit wird der Minister nicht anders als auf kaiserlichen Befehl zur Verantwortung gezogen. In solchem Falle veranlasst das Departement des Reichsraths für Civil- und geistliche Sachen die Voruntersuchung und beschliesst nach deren Beendigung und nachdem der Justizminister sein Gut-

achten abgestattet*) darüber, ob der Sache kein weiterer Fortgang zu geben, oder der Angeschuldigte mit einer Disziplinarstrafe zu beahnden, oder vor dem Höchsten Kriminalgericht in Anklagezustand zu setzen sei. Auch dieser Beschluss unterliegt der Allerhöchsten Bestätigung. Unter solchen Umständen vermag man sich der Anschauung nicht zu verschliessen, dass ein Minister, so lange als er des kaiserlichen Vertrauens gewürdigt wird, auch vor jeder strafrechtlichen Verantwortung sich frei fühlen kann. Den besten Beweis hierfür, sowie für die rein theoretische Bedeutung aller vorerwähnten gesetzlichen Bestimmungen liefert die Thatsache, dass, wie Professor Aleksejew in seinem in der Note zu § 55 genannten Werke hervorhebt, seit der Regierungszeit Alexanders I. nur ein einziger Minister, der Kriegsminister Gortschakow, zur Verantwortung gezogen worden ist, während doch schwerlich wird behauptet werden können, dass im Lauf des Jahrhunderts keine ministeriellen Amtsüberschreitungen stattgefunden hätten.

§ 61. Zusammensetzung. An der Spitze jedes Ministeriums befindet sich ein vom Kaiser ernannter Minister, Oberverwaltender (главноуправляющій) oder Oberbefehlshaber (главноначальствующій). Einzelnen derselben stehen ein oder mehrere Gehülfen (товарищъ) zur Seite, welche sie, falls erforderlich, zu vertreten haben,**) und denen bestimmte Verwaltungszweige übertragen zu werden pflegen. Die Hauptbestandtheile des Ministeriums sind: 1. die Departements; 2. der Rath des Ministers; 3. die allgemeine Versammlung des einzelnen Departements; 4. die Kanzlei; und 5. besondere in einzelnen Ministerien befindliche Verwaltungen. Die Departements werden in Abtheilungen, diese in Tische getheilt. Jenen stehen Direktoren, den Abtheilungen Abtheilungschefs, den

*) Wer das Gutachten abzustatten hat, wenn der Justizminister angeschuldigt ist, verschweigt das Gesetz.

**) Die Vertretung muss mittelst eines vom Dirigirenden Senat veröffentlichten Allerhöchsten Befehles angeordnet werden. Es haben nicht alle Minister einen Gehülfen.

Tischen Tischvorsteher vor. Der Rath des Ministers besteht unter seinem Vorsitz aus dem oder den Gehülfen und den Departements-Direktoren, die allgemeinen Versammluugen der einzelnen Departements werden unter dem Vorsitz des Direktors aus den betreffenden Abtheilungschefs gebildet. Auf Vorstellung des Direktors kann der Minister besondere Mitglieder der allgemeinen Versammlung für Sachen der Wissenschaft und Kunst ernennen In einzelnen Departements befinden sich noch besondere zeitweilige oder beständige Institutionen, wie: Gelehrte Komités, Zeichnungskammern, Laboratorien u. dgl. m. Die Arbeitsvertheilung in den verschiedenen ministeriellen Organen ist etwa die folgende: die Departements sammeln und verarbeiten (durch ihre Unterorgane) das Material, der Rath giebt seine Meinung ab, der Minister trifft die Entscheidung. Daher gelangen die Sachen an den Rath erst, nachdem sie im Departement gewesen sind. Nur gewisse, besonders wichtige oder geheime Angelegenheiten, Allerhöchste Befehle u. dgl. m. werden mit Umgehung der Departements direkt an den Minister gebracht. So finden wir in den Ministerien ein doppeltes Prinzip durchgeführt: das büreaukratische und kollegiale, insofern als die schliesslichen Entscheidungen Einzelpersonen, Minister, bezw. Departements-Direktor zustehen, denen Beiräthe zur Seite stehen, von welchen sie sich berathen lassen können, ja in einzelnen Fällen berathen lassen sollen, an deren Vota sie aber nicht gebunden sind. Diese Berathungskörper der Minister und Departementschefs nehmen den ihnen vorgesetzten Personen gegenüber etwa die gleiche Stellung ein, wie der Reichsrath zum Kaiser. Ein Unterschied kann nur darin gesehen werden, dass der Kaiser, wie früher erwähnt, nicht gehalten ist, selbst in Gesetzgebungsfragen den Reichsrath zu Rathe zu ziehen, während der Minister allerdings gewisse Angelegenheiten, namentlich Gesetzgebungsfragen und solche Gegenstände, die der Allerhöchsten Entscheidung bedürfen, dem Rath vorzulegen verpflichtet ist. Diese Organisation der Ministerien bietet den Vortheil einer verhältnissmässig schnell arbeitenden Verwaltung, wo Eile erforderlich ist und gewährt zugleich den verantwortlichen Beamten die Möglichkeit, wo sie sich selbst unsicher fühlen oder die Angelegenheiten eine eingehendere Prüfung wünschenswerth erscheinen lassen, sie einer solchen zu unterziehen, wobei vom Gesetz ausdrücklich bestimmt wird, dass zu diesen Berathungen ausser den berufenen Ministerialbeamten und Allerhöchst etwa ernannten Personen, auch Private als Sachverständige geladen werden können.

Die einzelnen Ministerien und Hauptverwaltungen.

§ 62. Die einzelnen Ministerien sind im Laufe der Zeiten den wachsenden Bedürfnissen des Staates entsprechend, ins Leben gerufen worden, ohne dass eine streng systematische Scheidung ihrer Verwaltungsthätigkeit erfolgt wäre, und es ist daher eine Klassifikation derselben nach bestimmten allgemeinen Gesichtspunkten schwer durchführbar. So ist z. B. keineswegs das gesammte Unterrichtswesen dem Ministerium der Volksaufklärung unterstellt, vielmehr giebt es Lehranstalten, welche anderen Ressorts zugehören und mit jenem Ministerium in einer nur sehr losen Beziehung sich befinden. Ebenso überraschend erscheint es, dass das Ministerium des Innern, dem in erster Linie polizeiliche Befugnisse, die Sorge für Ordnung und Ruhe zusteht, die höchste Instanz für die kirchlichen Angelegenheiten der „ausländischen Bekenntnisse“ zu bilden berufen ist. Es hängt das mit der Auffassung zusammen, als sei, wer sich nicht zur „herrschenden Kirche“ bekennt, gleichsam ein gefährlicher Eindringling, welcher einer besonderen polizeilichen Beaufsichtigung bedarf, woher denn auch, wie wir oben (§ 25) sahen, das Recht der Glaubens- und Kultusfreiheit aus dem „Gesetz zur Verhütung und Verhinderung von Verbrechen“ und aus dem Strafgesetz extrahirt werden musste. Auch das durch Verstaatlichung der Bahnen und durch den eifrigen Bau neuer Linien an Bedeutung gewinnende Eisenbahnwesen ist nicht etwa ausschliesslich dem Verkehrsministerium zugewiesen, sondern steht zugleich unter Einwirkung des Finanzministeriums. Diese Beispiele, welche noch in mannigfacher Hinsicht vermehrt werden könnten, dürften zur Rechtfertigung der Behauptung, dass eine Klassifikation der Ministerien mit Schwierigkeiten verbunden sei, genügen. Ganz einfach und klar ist sie bei den, die Interessen und die Sicherheit des Reichs nach Aussen vertretenden Ministerien, welche wir als die erste Gruppe bezeichnen wollen. Zu ihr gehören: die Ministerien der auswärtigen Angelegenheiten, des Krieges und der Marine.

Die zweite Gruppe hat für die Finanzkraft des Staates und die materielle Wohlfahrt der Bevölkerung zu sorgen. Zu ihr rechnen wir: das Finanzministerium, die Reichskontrolle, das Ministerium für Landwirthschaft und Domänen, die Hauptverwaltung für das Reichs-Gestütwesen, das Verkehrsministerium. Der dritten Gruppe liegt die Fürsorge für innere Ordnung und Recht ob: Zu ihr gehören: das Justizministerium und das Ministerium des Innern. Endlich ist das geistige Wohl, die Bildung der Bevölkerung dem Ministerium der Volksaufklärung übertragen. Zu diesen kommt dann noch das Ministerium des Kaiserlichen Hofes, welches auch die Apanagen verwaltet und wegen seiner besonderen Beziehungen zum Herrscher eine eigenartige Stellung einnimmt.

§ 63. 1. Das Ministerium der auswärtigen Angelegenheiten. (Министерство Иностранныхъ Дѣлъ.) Diesem Ministerium liegt ob:

Die Vermittelung der politischen Beziehungen mit anderen Staaten, die Förderung des russischen Handels und der russischen Interessen in fremden Ländern, die Verwendung dafür, dass russischen Unterthanen in ihren ausländischen Angelegenheiten der gesetzliche Schutz zu Theil werde, die Fürsorge für Befriedigung gesetzlicher Ansprüche von Ausländern in ihren russischen Angelegenheiten.

Neben dem Minister befindet sich der Gehülfe, welchem die laufenden Geschäfte überwiesen sind und der Rath. Letzterer hat gar keine bestimmte Kompetenz, sondern ausdrücklich nur diejenigen Sachen zu berathen, die ihm zu überweisen der Minister für gut befindet. In die Arbeit theilen sich 3 Departements und zwar: das asiatische (Азіятскій Д.), das Departement für innere Beziehungen (Д. Внутреннихъ Сношеній) und das Departement für Personal- und wirthschaftliche Sachen (Д. Личнаго Состава и Хозяйственныхъ Дѣлъ).

Das erste hat die politischen Angelegenheiten des Ostens, das zweite die übrigen zu behandeln, dem dritten stehen ausser den Personalien alle Rechnungssachen zu, auch die Verwaltung der im Auslande befindlichen griechisch-orthodoxen Kirchen, endlich sorgt es für die Anlegung des grossen Reichssiegels an die Urkunden, welche dessen bedürfen. Der Minister der auswärtigen Angelegenheiten ist der Grosssiegelbewahrer. Als Organe des Ministeriums fungiren im Auslande die Botschaften und Gesandtschaften in politischen, die Generalkonsule, Konsulate und Agenturen in Handelssachen. Es besitzt eine Kanzlei und zwei Archive, ein Petersburger und ein Moskauer, in welch' letzterem die bis zum Jahre 1801 reichenden Akten aufbewahrt werden.

§ 64. 2. Das Ministerium des Krieges. (Военное М.) Der Kriegsminister, welcher an der Spitze der, die gesammte Landmacht des Reichs betreffenden Verwaltung steht, hat keinen Gehülfen, das Kriegsministerium besitzt keine Departements, dagegen aber die folgenden Abtheilungen: a) Das kaiserliche Hauptquartier (Императорская Главная Квартира). b) Den Kriegsrath (Военный Совѣтъ). Derselbe hat die Fragen der Militärgesetzgebung, wirthschaftliche und verschiedene andere Angelegenheiten zu berathen. Er zerfällt in einzelne Abtheilungen, darunter eine besondere Kodifikations-Abtheilung. Dem Minister wird durch das Gesetz zur besonderen Pflicht gemacht, darauf zu achten, dass der Kriegsrath in den zu seiner Kompetenz gehörigen Sachen nicht umgangen werde. c) Das Haupt-Kriegsgericht (Главный Военный Судъ). Dasselbe ist oberstes Kassationsgericht in Militärgerichtssachen und hat auch die Berathung über die betreffenden Gesetzgebungsfragen. d) Die Kanzlei, e) der

Hauptstab (Главный Штабъ). Ihm liegt die Organisation, die Wirthschaftsverwaltung u. s. w. der Truppen ob, auch arbeitet er die militärischen Pläne und Karten aus. f) Die Haupt-Intendantur-Verwaltung (Главное Интендантское Управленіе). Sie besorgt die Verpflegung und Bekleidung des Heeres. g) Die Haupt-Artillerie-Verwaltung (Главное Артиллерійское Управленіе), h) die Haupt-Ingenieur-Verwaltung (Главное Инженерное Управленіе) betraut mit dem Bau und der Unterhaltung der Festungen. i) Die Haupt-Militär-Medicinal-Verwaltung (Главное Военно-Медицинское Управленіе). k) Die Hauptverwaltung der militärischen Lehranstalten (Главное Управленіе Военно-Учебныхъ Заведеній), l) die Hauptverwaltung des Kasakenheeres (Главное Управленіе Казачьихъ Войскъ). m) Die Hauptverwaltung des Militär-Gerichtswesens (Главное Военно-Судное Управленіе). Dieser steht die Ausübung der militärischen Prokuratur zu.

Eine nothwendig werdende Vertretung des Kriegsministers wird wie bei den übrigen Ministerien durch Allerhöchsten Befehl angeordnet. Befindet sich der Kaiser auf Reisen, so gehen die das Militärwesen betreffenden Allerhöchsten Befehle durch den Chef des Kaiserlichen Hauptquartiers, welcher sie „in Abwesenheit des Kriegsministers“ unterzeichnet und diesem darüber Bericht abstattet.

§ 65. 3. Das Ministerium der Marine (Морское М.). Die oberste Leitung des gesammten Seewesens und des Marine-Ministeriums ist dem Oberbefehlshaber der Flotte und des Seewesens (Главный Начальникъ Флота и морского вѣдомства) übertragen. An der Spitze des Ministeriums befindet sich der Verwaltende (Управляющій) desselben, welcher die Rechte eines Ministers geniesst. Im Allgemeinen ist die Organisation die gleiche wie diejenige des Kriegsministeriums. Es zerfällt in 11 verschiedene Hauptabtheilungen für Schiffsbau, technische Arbeiten, Gerichtspflege u. s. w. Der Rath desselben führt den Namen: Admiralitäts-Rath (Адмиралтействъ-Совѣтъ).

§ 66. 4. Das Ministerium der Finanzen. (Министерство Финансовъ.) Dieses hat die Fürsorge für die Einnahmen und

Ausgaben des Staates, somit die oberste Verwaltung des Steuerwesens und aller mit den Staatseinkünften in Zusammenhang stehenden Institutionen, ausgenommen die Verwaltung der Domänen, während Handel und Gewerbe ihm ebenfalls unterstellt sind. Ausserdem sind ihm hinsichtlich des Eisenbahnwesens wichtige Befugnisse übertragen, da es in Tariffragen und bei Bestätigung neuer Eisenbahnlinien eine entscheidende Stimme besitzt. Neuerdings hat es durch die Monopolisirung des Branntweinverkaufes, deren Durchführung für das ganze Reich allmählich vor sich geht, eine sehr bedeutende Erweiterung seiner Thätigkeit erfahren. Dem Finanzminister, welchem zwei Gehülfen beigegeben sind, deren einer die laufenden Geschäfte leitet, stehen, abgesehen von den allgemeinen ministeriellen Befugnissen, noch ganz besondere zu. So kann er auf dem Verordnungswege fast alle Positionen des Zolltarifs bestimmen und ändern, wie überhaupt das Finanzwesen betreffende Regeln erlassen. Entsprechend seiner grossen Bedeutung hat dieses Ministerium, abgesehen von dem Rath und den 6 Departements, in welche es zerfällt, noch besondere Unterorgane, wie: die Besondere Kredit-Kanzlei (Особенная канцелярія по кредитной части), einen Rath für Tarifsachen (Совѣтъ по тарифнымъ Дѣламъ) nebst Tarif-Komité (Тарифный комитетъ), die von anderen Ministerien durch Delegierte beschickt werden, einen Gelehrten-Komité (Ученый комитетъ) zur Begutachtung von Finanzprojekten, einen ständigen Rechtsbeistand (Юрисконсультъ) mit Gehülfen u. dgl. m. Aus der Bezeichnung der Departements ergiebt sich deren allgemeiner Thätigkeitskreis. Es sind die Folgenden: Departement der direkten Steuern (Д. Окладныхъ Сборовъ), Departement der indirekten Steuern (Д. Неокладныхъ Сборовъ), Departement der Zölle (Д. Таможенныхъ Сборовъ), Departement für Handel und Manufaktur (Д. Торговли и Мануфактуръ), Eisenbahn-Departement (Д. Желѣзнодорожныхъ Дѣлъ) und Departement der Reichsrentei (Д. Государственнаго Казначейства). Endlich sind noch, als vom Finanzministerium ressortirend, zu nennen: die Reichsbank (Государственный Банкъ), die Adels-Agrarbank (Дворянскій Земельный Б.), die Bauer-Agrarbank (Крестьянскій Земельный Б.), die Reichsschulden-Tilgungskommission (Коммисія Погашенія Долговъ), der Münzhof (Монетный Дворъ), die Expedition zur Anfertigung von Staatspapieren (Экспедиція Заготовленія Государственныхъ Бумагъ).

Der Finanzminister ist in Friedenszeiten unmittelbarer Chef der militärisch organisirten Grenzwache.

§ 67. 5. Die Reichskontrolle. (Государственный Контроль.) Der Reichskontrolle liegt die Aufsicht ob über die Gesetzmässigkeit aller die Einnahmen, Ausgaben und die Aufbewahrung von Geldern betreffenden Verfügungen der ihr unterstellten Behörden, wobei sie noch befugt ist, sich abgesehen von deren Gesetzmässigkeit, auch über die Zweckmässigkeit der einzelnen wirthschaftlichen Massnahmen zu äussern. Diese Aufsicht übt sie aus: über alle Staatsbehörden, mit Ausnahme der durch das Gesetz speziell von ihr befreiten; über Landschafts-, Stadt- und Kommunal-Verwaltungen oder private Gesellschaften, sofern sie durch das Gesetz der Reichskontrolle unterstellt wurden. Ihre Bemerkungen stellt die Kontrolle demjenigen Ministerium zu, dessen Verwaltung sie betreffen. Im Falle nicht erzielter Uebereinstimmung entscheidet der Reichsrath in Gegenwart des Reichskontrolleurs. Derselbe hat einen Gehülfen. Ausser dem Rath der Reichskontrolle hat dieselbe folgende Departements: Departement für Civil-Abrechnung (Д. Гражданской Отчетности), Departement für Militär- und Marine-Abrechnung (Д. Военной и Морской Отч.) und Departement für Eisenbahn-Abrechnung (Д. Железнодорожной Отч.).

§ 68. 6. Das Ministerium für Landwirthschaft und Domänen (Министерство Земледѣлія и Государственныхъ Имуществъ). Alle Interessen der Landwirthschaft sind neben der Verwaltung der Staatsdomänen und -forsten diesem Ministerium anvertraut. Ebenso das Bergwerkwesen und die Salzgewinnung. Zu diesem Ressort gehört auch die Aufsicht über die auf

Staatsländereien angesiedelten Juden, über die Sibirischen Bauern, die in verschiedenen Gouvernements lebenden fremden Völkerschaften. Verwaltet wird es vom Minister und seinem Gehülfen, welchem die Erledigung der laufenden Geschäfte obliegt. Ausser dem Rath des Ministeriums zerfällt es in folgende Abtheilungen:

Den Landwirthschafts-Rath (Сельскохозяйственный С.). Es ist das ein besonderer Berathungskörper für Angelegenheiten, betreffend allgemeine Hebung der Landwirthschaft Zu demselben werden Allerhöchste Vertreter der anderen Ministerien ernannt und 15 Landwirthe auf Vorschlag des Ministers berufen; den Rath für Bergwerkswesen (Горный С.); der Gelehrte-Komité (Ученый комитетъ); das Departement für Landwirthschaft (Д. Земледѣлія); die Abtheilung für landwirthschaftliche Oekonomie und Statistik nebst Komité für Hausfleissindustrie (Отдѣлъ Земской Экономіи и Сельскохозяйственной Статистики съ Кустарнымъ Комитетомъ); die Abtheilung für Landmeliorationen (Отдѣлъ Земельныхъ Улучшеній); das Walddepartement mit dem Korps der Förster (Лѣсной Д. съ Корпусомъ Лѣсничихъ); das spezielle Waldkomité (Лѣсной Спеціальный К.); das Bergdepartement mit einer Behörde für Sachen der Bergwerkindustrie und dem geologischen Komité (Горный Д, съ Присутствіемъ по горнозаводскимъ дѣламъ и Геологическимъ Комитетомъ), demselben ist u. A. die höhere Lehranstalt, das Berg-Institut, unterstellt; das Departement der Reichsdomänen (Д. Государственныхъ Земельныхъ Имуществъ); die Kanzlei des Ministers mit einer Abtheilung für Rechtssachen und das Archiv (Канцелярія Министра съ Юрисконсультскою Частью и Архивомъ).

§ 69. 7. Die Hauptverwaltung des Reichs-Gestütwesens. (Главное Управленіе Государственнаго Коннозаводства.) Diese Verwaltung war bis zum Jahre 1881 ein Bestandtheil der Domänen-Verwaltung und nimmt seitdem die Stellung eines Ministeriums ein. Es sind ihr nicht allein die Gestüte des Staates unterstellt, sondern es hat für die gesammte Pferdezucht des Reiches und was mit derselben zusammenhängt, (Veranstaltung von Pferderennen, Pferde-Ausstellungen, Förderung der privaten Pferdezucht u s. w.), zu sorgen.

§ 70. 8. Das Ministerium des Verkehrswesens. (M. Путей Сообщенія.) Dieses Ministerium hat mittelst Allerhöchsten am 3. Mai 1899 bestätigten Reichsrathsgutachtens eine neue Organisation erhalten, welche indessen nur bis zum 1. Januar 1902 Geltung haben soll! Es steht ihm daher binnen verhältnissmässig kurzer Frist eine abermalige Umgestaltung bevor. Der derzeitige Bestand ist folgender: a) Der Minister und sein Gehülfe nebst dem allgemeinen Rath des Ministeriums; b) der Rath für Eisenbahnsachen (Совѣтъ по Желѣзнодорожнымъ Дѣламъ). Diesem steht die Beurtheilung und in gewissen Fällen die Verfügung zu, in Fragen betreffend den Bau, die Exploitation und die Wirthschaft der Bahnen. In demselben fungiren als Mitglieder neben Beamten des Verkehrsministeriums Delegirte des Finanz- und Justizministeriums, der Reichskontrolle, der Ministerien des Innern, der Reichsdomänen und des Krieges, endlich Vertreter von Handel und Industrie, der Landwirthschaft und des Bergwerkwesens, sowie der privaten Eisenbahnen. Sowohl der Minister des Verkehrswesens, als auch die anderen in diesem Rath vertretenen Minister sind befugt, sofern sie mit dessen Beschlüssen nicht übereinstimmen, dieselben an den Ministerkomité zu bringen. Sachen, die eines neuen Gesetzes bedürfen, gehen an den Reichsrath. Auf diese Weise ist der Ministerkomité zu einer entscheidenden Instanz in Eisenbahnfragen geworden. c) Der Ingenieur-Rath (Инженерный Совѣтъ). Ihm liegt die Bearbeitung spezieller technischer Fragen von allgemeiner Bedeutung ob, auch hat er Pläne für wichtige und mit grösseren Ausgaben verbundene Staatsbauten anzufertigen. Den Ministern des Krieges und der Finanzen, sowie dem Oberverwaltenden der Reichskontrolle steht es zu, sich bei ihre Ressorts berührenden Berathungen dieses Körpers durch Delegierte vertreten zu lassen. Der Oberverwaltende des Post- und Telegraphenwesens wird zur persönlichen Theilnahme an den Sitzungen geladen, sobald die Interessen seiner Verwaltung in Frage kommen. d) Die Verwaltung der Eisenbahnen (Управленіе Желѣзныхъ Дорогъ). Hier wird die oberste Verwaltung der Staatsbahnen und die Beaufsichtigung der Privatbahnen ausgeübt. Neben Beamten des Verkehrsministeriums sind solche der Ministerien des Innern, der Finanzen, der Landwirthschaft und Domänen, des Krieges und der Reichskontrolle ständige Glieder dieser Verwaltung. In besonders wichtigen Angelegenheiten nimmt der General-Kontrolleur des Departements für das Abrechnungswesen der Eisenbahnen und wenn sein Ressort in Frage kommt, der Oberverwaltende des Postwesens an den Sitzungen theil. e) Die Inspektion der Kaiserlichen Eisenbahnzüge (Инспекція Императорскихъ Поѣздовъ). f) Die Verwaltung zum Bau neuer Eisenbahnen (Управленіе по Сооруженію Жел. Д.). Neben dem Bau und der Inbetriebsetzung neuer Staatsbahnen hat diese Abtheilung die Aufsicht über die im Bau begriffenen Privatbahnen zu führen.

Bilden, wie aus Vorstehendem ersichtlich, die Eisenbahnen einen Hauptzweig der Thätigkeit des Verkehrsministeriums, so erschöpfen sie dieselbe keineswegs, denn es hat für alle Kunst- und Wasserstrassen, sowie für die Handelshäfen zu sorgen, was die Aufgabe einer besonderen Verwaltung (Управленіе Водяныхъ и Шоссейныхъ Сообщеній и Торговыхъ Портовъ) darstellt. Das Ministerium besitzt ferner eine besondere Abtheilung zur Prüfung der von ihm gemachten Bestellungen und der Dampfkessel auf den Schiffen, eine Abtheilung für Statistik und Kartographie, endlich eine Abtheilung für das Schulwesen. Der Minister hat eine eigene Kanzlei mit einer Abtheilung für Enteignungssachen (Отдѣлъ по отчужденію Имуществъ). Unter seiner obersten Leitung befindet sich das Institut für Verkehrsingenieure Kaiser Alexanders I. (Институтъ Инженеровъ Путей Сообщенія Императора Александра I.).

§ 71. 9. **Das Ministerium der Justiz.** (М. Юстиціи.) Der Justizminister leitet nicht allein die Verwaltung des

Justizwesens, sondern übt einen gewissen Einfluss auf die Rechtspflege aus, da er in den Allgemeinen Versammlungen des Dirigirenden Senats als General-Prokureur fungirt und die dort getroffenen Entscheidungen an den Kaiser zu bringen befugt ist (§ 56). Durch ihn erfolgt die Ernennung der Richter und er ist oberster Chef der gesammten Prokuratur. Seinem Gehülfen sind durch das Gesetz bestimmte Funktionen zugewiesen; die den Minister berathende Institution führt den Namen Konsultation (Консультація). Sie besteht aus den Direktoren der Departements, den Oberprokureuren des Senats und ad hoc Allerhöchst ernannten Personen. Diese Konsultation prüft speziell diejenigen Entscheidungen der Allgemeinen Versammlungen des Senats, mit welchen sich der Justizminister nicht einverstanden erklärte. Das Ministerium zerfällt in zwei Departements. Das erste kann als Departement für Gesetzgebung bezeichnet werden, weil es sich hauptsächlich mit Gesetzgebungsfragen zu beschäftigen hat. Ausserdem fertigt es die Rechenschaftsberichte an den Kaiser an und verhandelt die aus den Administrativ-Departements (erstes und zweites) des Senats kommenden Sachen. Das zweite Departement ist für die eigentlichen Justizsachen zuständig, es behandelt ausserdem die Personalien des Senats und aller übrigen Justizbehörden, die aus der Bittschriften-Kommission kommenden Gnadengesuche, die Statuten von Gesellschaften u. dgl. m. Seit dem Jahre 1894 ist die Haupt-Gefängnisverwaltung (Главное Тюремное Управленіе) von dem Ministerium des Innern abgelöst und dem Ministerium der Justiz unterstellt. Deren Leiter steht ein besonderer Rath für Gefängniswesen zur Seite, welcher über die Sachen beräth, die ihm der Minister zuweist. Das Ministerium hat ein altes Archiv in Moskau und das laufende in Petersburg. Die Rechtsschule (Императорское Училище Правовѣденія) befindet sich unter Leitung des Justizministeriums.

§ 72. 10. Das Ministerium des Innern. (М. Внутреннихъ Дѣлъ.) Der Thätigkeitskreis dieses Ministeriums ist ein ganz besonders umfassender, zumal ihm Dinge zugewiesen sind, welche mit seinen eigentlichen Aufgaben in einem inneren Zusammenhange sich nicht befinden, wie z. B. die Verwaltung des Post- und Telegraphenwesens und die oberste Leitung in Sachen der „ausländischen Bekenntnisse". Es ist auch wiederholt der Gedanke angeregt worden, diese Verwaltungszweige von dem Ministerium abzuzweigen, ihnen entweder eine grössere Selbstständigkeit zu geben oder sie einem anderen Ministerium zuzuweisen, was nicht allein aus sachlichen Gründen, sondern auch im Interesse einer Entlastung des geradezu überbürdeten Ministeriums des Innern wünschenswerth wäre. Doch haben diese Anregungen bisher keinen Erfolg gehabt. Als die eigentlichen Aufgaben dieser Centralverwaltung stellen sich dar: die Handhabung der Polizei im weitesten Sinne des Wortes und die oberste Leitung des Kommunallebens in Stadt und Land durch Beaufsichtigung der gesammten Thätigkeit aller provinziellen Kommunal-Körper und Einrichtungen. Dieser weitgehenden Thätigkeit entsprechend, hat der Minister des Innern zwei Gehülfen, deren einem das Polizeiwesen und das seit Aufhebung der III. Abtheilung Sr. Majestät Eigener Kanzlei dazu gehörige Korps der Gendarmerie unterstellt ist. Wenn oben gesagt wurde, dass das Gefängniswesen in das Ressort des Justizministeriums übergeführt worden sei, so muss hier hinzugefügt werden, dass die zur Aufnahme politischer Verbrecher bestimmten Anstalten beim Ministerium des Innern verblieben sind. Das Ministerium hat ausser dem allgemeinen Ministerialrath die folgenden Abtheilungen:

Das Departement für Polizei (Д. Полицiи). Dessen Thätigkeit charakterisirt der Name.

Das Departement für wirthschaftliche Angelegenheiten (Д. Хозяйственный). Ihm liegt die Sorge für die Wohlfahrtspflege der Bevölkerung ob.

Das Departement für geistliche Angelegenheiten, der fremden Bekenntnisse (Д. Духовныхъ Дѣлъ Иностранныхъ Исповѣданiй). Diesem sind das römisch-katholische geistliche

Kollegium, das evangelisch-lutherische General-Konsistorium und die mohamedanischen geistlichen Verwaltungen unterstellt. Eine besondere Rabbiner-Kommission begutachtet die geistlichen Sachen der Juden.

Das Medicinal-Departement (Медицинскій Д.) mit einem besonderen Medicinalrath und einem Veterinär-Komité.

Das Departement für Allgemeine Sachen (Д. Общихъ Дѣлъ). Hier werden die Personalien des Ministeriums und seiner Unterbehörden bearbeitet, ebenso die Adelswahlen u. dgl. m.

Die Abtheilung für Landsachen (Земскій Отдѣлъ). In dieser koncentriren sich die Verwaltungs- und Organisationsfragen des Bauernstandes Eine besondere Unterabtheilung behandelt die Bauernsachen des Königreichs Polen.

Der technische Baukomité (Техническій Строительный Комитетъ). Derselbe stellt u. A. die Baupläne der Städte fest, auch prüft er die Pläne für Kirchenbauten u. s. w. Ihm ist eine Bauschule unterstellt.

Die Oberpressverwaltung (Главное Управленіе по Дѣламъ Печати). Sie handhadt die Censur, beaufsichtigt die Presse, die Druckereien und den Buchhandel.

Die Hauptverwaltung des Post- und Telegraphenwesens (Главн. Управл. Почтъ и Телеграфовъ). Dem Chef dieser Verwaltung sind zwei Gehülfen zur Seite gestellt und sehr weite Befugnisse gegeben, so dass der Minister nur in ganz bestimmten Angelegenheiten mit diesem Verwaltungszweige zu thun hat.

Der Central-Komité für Statistik (Центральный Статистическій Комитетъ). Derselbe verarbeitet das gesammte statistische Material aller Ressorts und besitzt eine Abtheilung, welche die wissenschaftlichen Grundsätze für diese Bearbeitung festzustellen hat.

§ 73. 11. Das Ministerium der Volksaufklärung (М. Народнаго Просвѣщенія). Die Leitung des Unterrichtswesens, soweit es sich nicht um besondere anderen Verwaltungszweigen untergeordnete Lehranstalten handelt, gebührt dem Ministerium der Volksaufklärung. Ausser dem Minister. seinem Gehülfen und dem Ministerialrath gehören zu dessen Bestande: a) das Departement der Volksaufklärung (Д. Народнаго Просвѣщенія), welches alle laufenden Geschäfte besorgt; b) der gelehrte Komité (Ученый Комитетъ Министерства). Hier werden die technisch-pädagogischen Fragen entschieden, die einzuführenden Lehrbücher geprüft, die Lehrpläne festgesetzt u. dgl. m. Den Vorsitzenden dieses Komités ernennt der Kaiser. Im Ministerialrath haben ausser den ständigen Gliedern auch die Kuratore der Lehrbezirke, wenn sie in Petersburg anwesend sind, Sitz und Stimme. Ausserdem kann der Minister Rektore der Universitäten und andere Gelehrte zur Theilnahme an den Sitzungen berufen; c) die Kommission für Archeographie (Археографическая Коммиссія), ebenfalls mit einem Allerhöchst ernannten Präsidenten und einer unbestimmten Zahl von durch Kooptation ernannten Mitgliedern. Sie hat die Materialien für die Geschichte Russlands zu sammeln und zu veröffentlichen. Dem Ministerium ist auch die kaiserliche öffentliche Bibliothek zu St. Petersburg unterstellt.

§ 74. 12. Das Ministerium des Kaiserlichen Hofes (М. Императорскаго Двора). Dem Minister steht kein Gehülfe, wohl aber ein Ministerialrath zur Seite. Der Minister ist zugleich Verwaltender der Apanagen und Kanzler der Orden und steht in unmittelbarster Beziehung zum Kaiser, dem allein er Rechenschaft schuldet. Die Reichskontrolle hat sich in seine Verwaltung nicht zu mengen, das Ministerium besitzt seine eigene Kontrolle. Die ihm unterstellten Verwaltungen nehmen Allerhöchste namentliche oder mündliche Befehle nur zur Richtschnur, wenn diese ihnen durch den Minister vermittelt werden. Das Kabinet des Kaisers, worin u. A. das Geschlechtsregister des regierenden Hauses aufbewahrt wird, das Ordenskapitel, das Hofmarschallamt, die Eremitage, die Akademie der Künste, die kaiserlichen Theater, die Verwaltungen der kaiserlichen und grossfürstlichen Höfe, der Schlösser etc. etc. stehen unter seiner Leitung.

Die Kanzlei für auf den Allerhöchsten Namen lautende Bittschriften.

§ 75. (Канцелярія Прошеній, на Высочайшее Имя приносимыхъ). Im Anschluss an die Ministerien ist auch diese eigenartige, wichtige und zu den höchsten Reichsbehörden zählende Kanzlei zu erwähnen. Sie gehört zu dem kaiserlichen Hauptquartier, an dessen Kommandirenden alle für den Kaiser bestimmten Bittschriften gelangen. Die Kanzlei besteht aus einem Chef und den erforderlichen Beamten, deren Thätigkeit durch Vorschrift des Kommandirenden geregelt wird. Auf den Allerhöchsten Namen können eingebracht werden: Beschwerden über Verfügungen der Departements des Dirigirenden Senats, mit Ausnahme der Kassations-Departements; Beschwerden über die höchsten Reichsbehörden in nicht judiciären Sachen, sofern durch glaubwürdige Beweise bescheinigt wird, dass die Entscheidung sich auf einen den wirklichen Geschehnissen nicht entsprechenden Thatbestand stützte; Klagen über Handlungen und Verfügungen von Ministern, Hauptverwaltenden besonderer Ressorts und Generalgouverneuren, sofern die Klagen über diese Handlungen und Verfügungen nicht nach dem Gesetz beim Senat anzubringen sind; Gesuche um Gnadenerweise, in besonderen von den allgemeinen Gesetzen nicht vorgesehenen Fällen, wenn hierdurch Niemandes gesetzliche Interessen und Privatrechte verletzt werden und Gnadengesuche verurtheilter oder bereits ihre Strafe abbüssender Personen. Alle diese Gesuche sind stempelfrei. Bei den Beschwerden über den Senat müssen die Gesetze, deren Verletzung behauptet wird, angegeben werden, auch ist eine Bescheinigung darüber beizubringen, wann die in Frage stehende Verfügung dem Beschwerdeführer eröffnet oder in Erfüllung gesetzt wurde. Die oben erwähnten Beschwerden sind innerhalb einer Frist von 4 Monaten, gerechnet vom Tage der Publikation oder Ausführung der Verfügung, einzubringen. Unberücksichtigt bleiben ausser den solchen Anforderungen nicht entsprechenden

Eingaben auch diejenigen, welche verschiedene, mit einander nicht zusammenhängende Gegenstände behandeln, unleserlich, unverständlich sind oder ungehörige Ausdrücke enthalten, ebenso Telegramme, ferner Wiederholungen bereits Allerhöchst zurückgewiesener Gesuche, falls nicht neue Thatumstände bescheinigt werden u. s. w. Da nur Beschwerden über die höchsten Reichsbehörden auf diesem Bittschriftenwege zulässig sind, so ist eine Umgehung des gesetzlichen Instanzenganges ausgeschlossen, und es darf nicht ein Beamter unter Beiseitelassen seines Vorgesetzten etwa um eine Belohnung bitten, ebensowenig aber wegen seiner Dienstentlassung Beschwerde erheben, wenn diese gemäss der dem Vorgesetzten zustehenden Befugniss „ohne Angabe von Gründen" erfolgte. Der Kommandirende des Kaiserlichen Hauptquartiers nimmt an den Sitzungen des Reichsraths, des Senats, des Ministerkomités Theil, wenn daselbst über von ihm mit Genehmigung des Kaisers diesen Institutionen zugewiesene Angelegenheiten verhandelt wird.

Vierter Abschnitt.

Die Regierungsorgane der Provinzial-Verwaltung.

§ 76. Die Gesammtheit der in den Provinzen fungirenden Staatsbehörden zerfällt in zwei Gruppen, je nachdem sie die allgemeine staatliche Verwaltungsthätigkeit auszuüben haben oder mit bestimmten, begrenzten Funktionen betraut sind. Zu der ersteren gehören der Gouverneur und die Gouvernements-Regierung und wo ein solcher vorhanden, der General-Gouverneur, zu der zweiten Gruppe die weiter unten aufzuführenden Institutionen.

I. Die allgemeinen provinziellen Staatsbehörden.

§ 77. Der Gouverneur (Губернаторъ). Diesem sind so mannigfaltige Aufgaben zugewiesen, dass es schwer fällt, einen vollständigen Ueberblick derselben zu geben. Er ist der oberste Vertreter der Regierungsgewalt in dem ihm unterstellten Gouvernement, wird direkt vom Kaiser ernannt, ressortirt vom Ministerium des Innern und hat demnach die Leitung des gesammten Polizeiwesens, doch zugleich steht ihm die Aufsicht über alle auch anderen Ministerien unterstellte Behörden, desgleichen über die Organe der Selbstverwaltung zu, so dass er zu jeder Zeit befugt ist sich von deren Thätigkeit Kenntniss zu schaffen. Bei einzelnen derselben steht ihm die Vornahme plötzlicher Revisionen und die direkte Stellung von Anträgen zu, bei anderen ist er darauf beschränkt, deren vorgesetzter Behörde über die von ihm wahrgenommenen Missbräuche zu berichten. Mit der allgemeinen Aufsicht über die Behörden ist auch eine solche über die einzelnen Beamten verbunden, und ist er sogar befugt bei Anstellung von Verwaltungsbeamten Einspruch zu erheben. In verschiedenen Gouvernements-Behörden und Kommissionen, wie z. B. der Gouvernements-Regierung, dem Versorgungs-Komité, den Gouvernements-Behörden für landschaftliche und städtische Angelegenheiten, für Bauernsachen u. s. w. gebührt ihm der Vorsitz. Eine seiner Hauptaufgaben besteht endlich darin, für die ordnungsgemässe Veröffentlichung der Gesetze zu sorgen und wenn sich bei deren Handhabung Schwierigkeiten ergeben sollten, diese zu beheben, beziehentlich darüber höheren Ortes Vorstellung zu machen. Sehr treffend sagt Prof. Engelmann:*) „Der Gouverneur hat für Alles zu sorgen und kann für Alles verantwortlich gemacht werden, selbst für Dinge, welche der „selbstständigen“ Verwaltung der Organe der Selbstverwaltung überlassen sind“. Dem Gouverneur steht ein Vize-Gouverneur zur Seite, welcher ihn im Behinderungsfalle zu vertreten hat. Der Gouverneur berichtet direkt der Kaiserlichen Majestät und zwar nach Antritt seines Amtes und veranstalteten Revisionsreise über den Zustand des Gouvernements und sodann alljährlich.

§ 78. Die Gouvernements-Regierung (Губернское Правленіе). Diese höchste Verwaltungsbehörde der Gouvernements gehört in das Ressort des Ministeriums des Innern, ist aber direkt dem dirigirenden Senat unterstellt und erhält nur von diesem und der Kaiserlichen Majestät Vorschriften. Ihr Thätigkeitskreis ist immer noch ein sehr umfassender, obgleich viele der ihr ursprünglich zugetheilt gewesenen Aufgaben auf besondere Staats- oder Kommunalbehörden übergegangen sind. Sie hat namentlich auch die oberste Leitung der allgemeinen Polizei, während die Handhabung der (politischen) Staatspolizei sich in den Händen des Gouverneurs und der Gendarmerie befindet. Ihr liegt ferner die Publikation der

---

*) Staatsrecht des russischen Reichs in Bd. IV von Marquartsens Handbuch des öffentlichen Rechts.

Gesetze und Verordnungen durch die von ihr herausgegebene Gouvernements-Zeitung ob, sie entscheidet Kompetenzstreitigkeiten zwischen verschiedenen Verwaltungsbehörden, hat das Recht, dem Senat Vorstellung über Unausführbarkeit seiner Befehle oder der Gesetze zu machen und verfügt die Gerichtsübergabe von Beamten wegen Amtsvergehen. Den Vorsitz führt in dem Kollegium der Gouverneur, während der Vize-Gouverneur mit der Leitung des Geschäftsganges betraut ist. Ausserdem gehören zu ihrem Bestand mindestens zwei Räthe, der Gouvernements-Medizinalinspektor, der Gouvernements-Ingenieur, der Gouvernements-Architekt und an einzelnen Orten noch ein Assessor. Der Personalbestand des Kollegiums ist kein überall gleichmässiger; die Kanzlei zerfällt in verschiedene Abtheilungen, denen je eins der Glieder vorsteht. Was den Geschäftsgang betrifft, so werden gewisse Sachen vom Kollegium entschieden. In diesem hat der Gouverneur eine Stimme und giebt bei Stimmengleichheit den Ausschlag. Hierzu gehören: 1. Gerichtsübergabe von Beamten; 2. Disziplinarbeahndung derselben; 3. Entscheidung über Kompetenzstreitigkeiten; 4. Vorstellungen wegen Unanwendbarkeit, bezw. Ergänzung von Gesetzen und Verordnungen; 5. Klagen über Säumigkeit von Behörden; 6. Dienstentlassung von Kanzleibeamten; 7. wo die Justizreform noch nicht eingeführt ist, Beahndung für Uebertretung des Getränkesteuergesetzes, des Waldschutzgesetzes u. s. w. In anderen Sachen bildet das Kollegium nur einen Berathungskörper für den Gouverneur, in dessen Hand die Entscheidung gegeben ist. Das Gesetz bezeichnet diese Sachen als „Administrativsachen erster Ordnung“. Es sind das Sachen durch welche irgend Jemandes persönliche oder Vermögensrechte berührt werden. Eine dritte Kategorie von Sachen entscheiden, je nach der Hingehörigkeit, die einzelnen Abtheilungen der Gouvernements-Regierung wie die Medizinal-Verwaltung, die Bauabtheilung u. s. w. Zur Berathung über gewisse Angelegenheiten von allgemeiner Bedeutung, wie Ergreifung sanitärer Massnahmen, werden die Präsidenten anderer Gouvernementsbehörden (Kameralhof, Domänenhof u s. w.), sowie ständische Vertreter (Adelsmarschälle, Stadthäupter etc.), geladen.

§ 79. Der General-Gouverneur (Генералъ-Губернаторъ). Dieses Amt ist, wie wir gesehen (§ 3), im europäischen Russland nur noch sehr vereinzelt vorhanden, es gehört demnach nicht in die Reihe der ordentlichen Staatsinstitutionen, hat den Charakter einer durch gewisse örtliche Verhältnisse bedingten Verwaltungsinstanz. Vor dem Gouverneur ist der General-Gouverneur durch besondere Ehrenrechte bevorzugt, dann aber hat er als Träger politischer Staatsideen eine bedeutsamere und einflussreichere Stellung und ist nicht wie der Gouverneur in den Rahmen einer blossen gesetzlich bestimmten Verwaltungsthätigkeit eingezwängt. Seine Abhängigkeit vom Minister des Innern ist eine weniger unmittelbare, denn das Gesetz bezeichnet ihn als aus besonderem persönlichen Vertrauen des Kaisers zum Amt berufen und verleiht ihm das Recht, auch mit Umgehung des Ministers, sich direkt an den Kaiser zu wenden. Kein neues Gesetz, keine Verordnung wird in dem ihm unterstellten Gebiet eingeführt, ohne dass er sein Gutachten abgegeben habe, und bei seiner Anwesenheit in St. Petersburg hat er in den Departements und Allgemeinen Versammlungen des Senats, wo Angelegenheiten seines General-Gouvernements verhandelt werden, Sitz und Stimme.

Im Gegensatz zu den anderen General-Gouvernements, welche ein grosses aus mehreren Gouvernements bestehendes Gebiet umfassen, bildet das Gouvernement Moskau für sich allein ein General-Gouvernement.

Dieser Ausnahme liegen nicht wie bei den anderen General-Gouvernements politische Erwägungen zu Grunde, sondern es soll durch sie dem Bezirk, in welchem die alte Reichshauptstadt belegen ist, eine vor anderen Gouvernements bevorzugte Stellung verliehen werden. Wo General-Gouverneure sind, vermitteln sie die Vorstellungen der Gouverneure an die Minister.

II. Die besonderen provinziellen Staatsbehörden.

Zu den wichtigsten dieser Kategorien gehören:

§ 80. 1. Der Kameralhof (Казенная Палата). Demselben liegt die Wahrnehmung der fiskalischen Staatsinteressen ob. Er beaufsichtigt demgemäss die Leistung der Handels- und sonstigen Steuern, schliesst im Namen des Fiskus Verträge ab, leitet das zu solchem Zwecke stattfindende Meistgebot- oder Mindestgebotverfahren u. s. w. Ihm sind Steuerinspektoren unterstellt, welche in bestimmten ihnen zugewiesenen Bezirken auf Einhaltung der Steuergesetze zu wachen haben. Der Kameralhof übt eine gewisse Verwaltungsjustiz aus, indem er befugt ist Uebertretungen der Handels- und Gewerbesteuer-Verordnung mit Geldstrafen zu beahnden. Unmittelbar untergeordnet sind dieser obersten Finanzbehörde des Gouvernements, die Staatskassen (Renteien, Казначейство), welche in Gouvernements-, Kreis- und Hülfsrenteien zerfallen. In diese fliessen dem Grundsatze der Kasseneinheit gemäss alle Steuern und Einnahmen des Staats, auch vollziehen sie die Ausgaben derselben, sind der Aufbewahrungsort für Werthdokumente verschiedenster Art, verkaufen Stempelmarken, Handelsscheine etc. und nehmen Spareinlagen entgegen.

§ 81. 2. Die Domänen-Verwaltung (Управленіе Государственныхъ Имуществъ). Der eigentliche Thätigkeitskreis dieser Behörde, welcher ihrem Namen zu entnehmen ist, hat eine bedeutende Erweiterung erfahren, nachdem das Domänen-Ministerium umgewandelt und mit Wahrnehmung der landwirthschaftlichen Interessen betraut wurde. Nicht in jedem Gouvernement befindet sich eine solche Verwaltung, sondern es ist dem Ermessen des Ministers anheimgegeben, mehrere Gouvernements zu einem Domänen-Verwaltungsbezirk zu vereinigen.

§ 82. 3. Die Accise-Verwaltung (Акцизное Управленіе). Der Accise unterliegen: Branntwein, Bier, Taback,

Zucker. Die Produktion und der Verkauf dieser Gegenstände wird von der genannten Verwaltung und ihren in den Kreisen befindlichen Unterorganen beaufsichtigt, und wo das Verkaufsmonopol für Branntwein eingeführt worden ist, hat sie dasselbe zu leiten. Bei Verletzung der Steuerordnung steht ihr die Verhängung administrativer Geldbeahndung zu.

§ 83. 4. Der Kontrollhof (Контрольная Палата). Derselbe prüft die Rechnungsführung aller mit Einnahme und Ausgabe von Staatsgeldern betrauten Behörden und Amtspersonen der Gouvernements. Hinsichtlich der Staatsbehörden steht ihm dabei nicht allein die Aufsicht über die formale Ordnung der Geldbewegung zu, sondern auch die Beurtheilung der wirthschaftlichen Zweckmässigkeit der einzelnen Umsätze. Der Kontrollhof wird nicht eigentlich als eine Gouvernements-Behörde angesehen, sondern als das Organ der Reichskontrolle und darum ist er in seiner Thätigkeit ganz selbstständig, d. h. nur von dem Reichskontrolleur abhängig, und unterliegt nicht der Beaufsichtigung durch den General-Gouverneur oder Gouverneur.

§ 84. 5. Die Gouvernements- und Kreis-Polizei. Die Aufgaben der Polizei sind von den in anderen europäischen Staaten derselben überwiesenen kaum abweichend, nur hat sie etwas weitergehende Befugnisse und auch die Beitreibung der Steuern. In dem Gouvernement wird, wie erwähnt, die obere Polizei vom Gouverneur und der Gouvernements-Regierung ausgeübt, neben welchen sich noch eine mit Handhabung der politischen Polizei betraute Gendarmerie-Verwaltung befindet, deren Unterorgane in der Provinz vertheilt sind. Die Gouvernementsstädte und einzelne andere im Gesetz besonders namhaft gemachte Ortschaften (Städte, Marktflecken, Ansiedlungen) bilden abgegrenzte, unter Polizeimeistern stehende, Polizeibezirke. Der Rest ist dagegen den der Regel nach in der Kreisstadt domicilirenden Kreis-Polizeiverwaltungen (Уѣздное Полицейское Управленіе) unterstellt, welche aus dem

Kreis-Isprawnik (Уѣздный Исправникъ) und seinem Gehülfen (Помощникъ Исправника) besteht.

Der Polizeibezirk zerfällt in Stane (Станы), denen je ein Pristaw (Становой Приставъ) vorsteht. Als Unterorgane fungiren die seit dem Jahre 1878 eingeführten Urjadniks (Урядники), endlich die von den Dorfgemeinden gewählten Beamten, Hundert- und Zehntmänner (Сотскіе und Десятскіе).

§ 85. 6. Die örtliche Militär-Verwaltung. In militärischer Hinsicht wird das Reich in besondere aus mehreren Gouvernements bestehende Militär-Bezirke (Военные округа) getheilt, welche unter dem Befehlshaber der Truppen (Командующій войсками) stehen. Diesem sind der Militärbezirks-Rath (Военно-окружный Совѣтъ), der Bezirks-Stab (Окружный Штабъ) und alle die verschiedenen militärischen Unterverwaltungen untergeordnet.

§ 86. 7. Die örtliche Verwaltung des Schulwesens. An der Spitze derselben befinden sich der Kurator des Lehrbezirks (Попечитель Учебнаго Округа), welchem ein aus Universitätsprofessoren und Gymnasialdirektoren zusammengesetzter Rath (Попечительскій Совѣтъ) zur Seite steht. Die Lehrbezirke umfassen mehrere Gouvernements, die Kuratoren pflegen ihren Sitz in einer Universitätsstadt zu haben.

§ 87. 8. Die örtliche Verwaltung des Kirchenwesens. Zwecks Verwaltung des Kirchenwesens der griechisch-katholischen Kirche zerfällt das Reichsgebiet in griechisch-orthodoxe Eparchien, welche von einem durch den Kaiser ernannten Erzbischof oder Bischof, der zugleich den Vorsitz im Konsistorium führt, geleitet werden. Der Regel nach bildet jedes Gouvernement eine Eparchie; die Rigasche, Warschauer und Litauische Eparchie erstrecken sich über mehrere Gouvernements, auch im Kaukasus und in Sibirien fallen Eparchial- und Gouvernementsgrenzen nicht zusammen. Die Eparchien und Konsistorien sind dem Heiligen Synod unterstellt.

Von der Verwaltung des Kirchenwesens der sogenannten ausländischen Bekenntnisse handelt der Bd. XI Th. I der

Reichsgesetze. Hier soll nur von der römisch-katholischen und evangelisch-lutherischen Kirche als den hervorragendsten kurz die Rede sein und sonst nur hervorgehoben werden, dass das angezogene Gesetzbuch noch Bestimmungen enthält über die Verwaltung der reformirten Kirche, der evangelischen Brüdergemeinde, der Baptisten, der Menoniten, der armenisch-katholischen, der armenisch-gregorianischen Kirche, sowie über die Kultuseinrichtungen der Karaimen, Juden, Mohamedaner und endlich der lamaitischen Heiden.

Die römisch-katholische Kirche. Im russischen Reich giebt es die Erzbisthümer Mohilew (mit den Bisthümern Wilna, Luzk-Schitomir, Telsch, Tiraspol) und Warschau (mit den Bisthümern Augustowo, Kalisch, Kjelce, Lublin, Plozk, Sandomir). Der Erzbischof von Mohilew ist zugleich Metropolit des ihm unterstellten Bezirks und Vorsitzender des in Petersburg befindlichen römisch-katholischen geistlichen Kollegiums (Римско-католическая Духовная Коллегія), der obersten kirchlichen Aufsichtsbehörde, welcher die Bisthümer und die in denselben befindlichen Konsistorien unterstellt sind. Ausser dem Vorsitzenden und zwei auf Vorstellung des Ministers des Innern vom Kaiser ernannten ständigen Gliedern besteht das Kollegium aus geistlichen Delegierten, deren das Kathedral-Kapitel jeder Eparchie einen erwählt. Der Erzbischof-Metropolit, die Eparchial- und Suffragan-Bischöfe werden nach vorgängiger Verständigung mit dem Papst Allerhöchst ernannt. Kein römisch-katholischer russischer Unterthan weder die Geistlichen noch die Laien darf mit der römischen Kurie anders als durch den Minister des Innern in Beziehung treten. Keine päpstlichen Bullen, Anordnungen u s. w. dürfen in Erfüllung gesetzt werden, bevor nicht die Allerhöchste Genehmigung hierzu erfolgt, welche der Minister des Innern erbittet, nachdem er sich davon überzeugt hat, dass dieselben sich nicht im Widerspruch mit den Staatseinrichtungen oder den „geheiligten Rechten der Allerhöchsten Selbstherrscher-Gewalt“ befinden.

Die evangelisch-lutherische Kirche. Zur Verwaltung derselben sind die Konsistorien berufen und zwar die folgenden: das Petersburger, Moskauer, Warschauer, Kurländische, Livländische und Estländische. Von diesen sind nur die beiden letztgenannten auf die Gouvernements gleichen Namens beschränkt, während die Thätigkeit der übrigen sich auf mehrere Gouvernements erstreckt. Dem weltlichen, vom Kaiser ernannten Vorsitzenden steht als Vizepräsident der Generalsuperintendent des Konsistorialbezirks zur Seite. Zwei weltliche und zwei geistliche Glieder fungiren als Beisitzer.*) Die Konsistorien sind dem in Petersburg befindlichen General-Konsistorium unterstellt, welches ebenfalls einen weltlichen Vorsitzenden und geistlichen Vizepräsidenten, (beide vom Kaiser ernannt), sowie zwei weltliche und zwei geistliche Beisitzer hat.**)

§ 88. III. **Die gemischten Behörden der örtlichen Verwaltung.** In diese Kategorie gehört eine Anzahl von Gouvernements- und Kreisbehörden, welche theils aus Staats-, theils aus städtischen oder landschaftlichen Kommunalbeamten zusammengesetzt sind. Der Vorsitz in den meisten dieser Gouvernementsbehörden gebührt den Gouverneuren. Ihr Thätigkeitsgebiet wird durch den Namen gekennzeichnet. Die wichtigsten derselben sind:

1. Die Gouvernements-, bezw. Kreis-Wehrpflichtsbehörde. (Губернское (Уѣздное) по воинской повинности Присутсвіе). Dieselbe hat die Einberufung und Annahme der Kriegsdienstpflichtigen auszuführen.

2. Die Gouvernements-Behörde für landschaftliche und städtische Angelegenheiten. (Губернское по земскимъ и

---

*) Das Petersburger Konsistorium zählt nur einen geistlichen und einen weltlichen Beisitzer.

**) Abgesehen von den oben aufgezählten, giebt es noch verschiedene örtliche Staatsverwaltungen, wie z. B. des Postwesens, der Chaussee- und Wegebauten, des Bergwesens, der Zölle u. s. w, die hier alle aufzuführen über die Zwecke der vorliegenden Arbeit hinausginge городекимъ дѣламъ Присутствіе). Es ist das die Aufsichtsbehörde der landschaftlichen und städtischen Selbstverwaltung.

3. Die Gouvernements-, bezw. Kreisbehörde für bäuerliche Angelegenheiten. (Губернское (Уѣздное) по крестьянскимъ дѣламъ Присутствіе.) Der Beaufsichtigung dieser Behörde unterliegt die Selbstverwaltung der Bauerngemeinden und die Einhaltung der Agrargesetze.

4. Das Statistische Gouvernements-Komité. (Статистическій губернскій комитетъ.)

5. Das Gouvernements-Komité zur Fürsorge für das Gefängnisswesen. (Губернскій комитетъ попечительнаго общества о тюрьмахъ.)

6. Der Gouvernements-Schulrath. (Губернскій училищный совѣтъ.) Diesem liegt die Sorge für das Volksschulwesen ob.

7. Das Waldschutz-Komité. (Лѣсохранительный комитетъ.) Es beaufsichtigt die Einhaltung der Bestimmungen des Waldschutzgesetzes.*)

*) Die adeligen Vormundschaftsbehorden und städtischen Waisengerichte werden, weil sie in keine der oben aufgeführten Kategorien ganz hineingehören, bei Darstellung der Adelsverfassung bezw. der Städteordnung berücksichtigt (vgl. § 92 und § 104).

Fünfter Abschnitt.

Die Selbstverwaltung.

§ 89. Die ersten Versuche eine Mitbethätigung der Bevölkerung auf dem Gebiete des öffentlichen Lebens herbeizuführen, stammen von Katharina II. her. Diese Herrscherin, von dem Bestreben der Regierungs-Dezentralisation geleitet, verlieh durch den Gnadenbrief vom 21. April 1785 dem Adel eine mit Selbstverwaltungsbefugnissen ausgestattete Organisation und führte zugleich in den Städten eine Verfassung ein, worin den nach Berufsklassen eingetheilten Stadtbewohnern ein nicht unbedeutendes Mass von Freiheit in der Verwaltung ihrer kommunalen Angelegenheiten gewährleistet wurde.

Für den russischen Adel bildet jener Gnadenbrief noch heutigen Tages die Grundlage seiner korporativen Verfassung, die Städteordnung dagegen verfehlte ihren Zweck, weil sie der damaligen Entwickelung des russischen Städtewesens zu beträchtlich vorausgeeilt war, indem die zum Verwalten der eigenen Angelegenheiten noch nicht reifen Stadtbewohner es vorzogen, sich wie bisher vom Beamtenthum administriren zu lassen, welches sie bereitwilligst aller mit der Selbstverwaltung verbundenen Mühen und Sorgen enthob. So fällt die Durchführung des Selbstverwaltungsgrundsatzes erst in die mit Aufhebung der Leibeigenschaft (19. Februar 1861) beginnende Reform-Aera Alexanders II., welcher zunächst wieder ein Stand, — der Bauernstand, — umfassende Selbstverwaltungsrechte verdankt. Hierauf folgte am 1. Januar 1864 zuerst in 34 Gouvernements und dann successive auch in anderen Gebieten die Einführung der Landschaftsordnung, welcher am 16. Juni 1870 die neue Städteordnung sich anschloss. Diese beiden Gesetze sind später während der dem Grundsatze der Selbstverwaltung weniger günstigen Regierungszeit Alexanders III. revidirt worden und haben in den Gesetzen vom 12. Juni 1890 bezw. 11. Juni 1892 im Sinne einer bedeutenden Stärkung des Einflusses der Regierungsbehörden auf die Organe der Selbstverwaltung nicht unwesentliche Aenderungen erfahren.

Es ist kaum zu viel gesagt, wenn ausgesprochen wird, dass bei dieser Gelegenheit die Selbstverwaltung verstaatlicht worden ist, denn es sind die landschaftlichen und städtischen Wahlbeamten in die Stufenleiter der staatlichen Beamtenhierarchie eingezwängt und der für diese geltenden Disziplinarordnung unterstellt worden, auch hat die Kontrolle der Selbstverwaltungsthätigkeit eine sehr weitgehende Ausdehnung erfahren, da den Aufsichtsbehörden die Befugniss ertheilt wurde die Beschlüsse der Stadtverordneten- und Landschafts-Versammlungen nicht nur auf ihre Gesetzmässigkeit, sondern auch hinsichtlich ihrer Zweckmässigkeit zu prüfen, bezw. zu beanstanden. Die revidirte Landschaftsordnung hat überdies noch einem Stande, — dem Adel, — ein gesetzlich festgelegtes Uebergewicht gesichert und damit den Gedanken ständischer Gleichberechtigung, von welchem die Ordnung des Jahres 1864 ausging, durchbrochen, eine Neuerung, welche indessen vielleicht weniger reaktionären Tendenzen als der Thatsache ihre Entstehung verdankt, dass in Russland dieser Stand die verhältnissmässig grösste Intelligenz und Bildung in sich vereint.

§ 90. **Die Organisation des Adels.** Den zu einer gewissen Theilnahme an der Lokal-, nicht aber an der Zentral-Verwaltung berufenen Adelskorporationen stand vor Einführung der Reformen Alexanders II. das Recht zu, eine nicht geringe Zahl von allgemeinen Justiz- und Verwaltungs-Aemtern durch Wahl zu besetzen. Ein solches Vorrecht liess sich mit dem Augenblick, wo auch die übrige Bevölkerung mit Selbstverwaltungsbefugnissen betraut und der Anfang zu einer Ausgleichung der Standesunterschiede gemacht wurde, nicht mehr aufrecht erhalten, und so musste der bis dahin öffentlichrechtlich bevorzugte Adel im allgemeinen Interesse ein Opfer bringen. Es ist ihm dasselbe übrigens von der Regierung nicht ohne Gewährung gewisser Aequivalente zugemuthet worden, welche vornehmlich darin bestehen, dass dem Vertreter der Adelskorporation, dem Adelsmarschall des Gouvernements, Sitz und Stimme in einer Anzahl von Gouvernements-Verwaltungsbehörden verliehen wurde.

§ 91. Die Adelsversammlungen. (Дворянскія Собранія.) In diesen Versammlungen berathen die Korporationen alle ihnen vom Gesetz überwiesenen Angelegenheiten. Und zwar geschieht das in den Gouvernements-Versammlungen, während den in den Kreisstädten tagenden Kreis-Adelsversammlungen nur eine vorbereitende Thätigkeit für jene obliegt.*) Die ordentlichen Adelsversammlungen pflegen regelmässig alle 3 Jahre auf Verfügung des Gouverneurs berufen zu werden, ausserordentliche mit dessen Genehmigung durch den Gouvernements-Adelsmarschall.

Mitglieder der Versammlungen sind alle unbescholtenen, in der Ausübung ihrer privaten und staatlichen Rechte nicht beschränkten, volljährigen, erblichen Edelleute des Gouvernements, bezw. Kreises, aber nicht zu gleichem Recht, denn wer weder ein Immobil besitzt noch mindestens in der XIV. Rangklasse steht oder einen russischen Orden erhalten, noch eine höhere oder mittlere Lehranstalt beendet hat, noch endlich im Wahldienst gestanden, darf zwar die Versammlungen besuchen, an den Verhandlungen aber nicht Theil nehmen. Die Befugniss zur Theilnahme an den Berathungen und Beschlüssen der Versammlungen schliesst nicht das persönliche Wahlrecht in sich,

---

*) Sie wählen einen Bevollmächtigten zur Revision der Rechnungen und Kassen der Adelskorporationen. Die Wahl der Kreis-Adelsmarschälle und Deputirten findet zwar nach Kreisen, aber in der Gouvernements-Versammlung statt.

vielmehr steht dieses nur den folgenden Kategorien zu: 1. Denjenigen, welche im Kreise nutzbares Land in dem Umfange als Eigenthum besitzen, welches gemäss der Landschaftsordnung das Recht zur direkten Ausübung der Wahl von Kreis-Abgeordneten gewährt. (Normaleinheit.) (§ 97.) 2. Den Besitzern von anderen in der Stadt oder im Kreise belegenen Immobilien (nicht Landstücken), welche behufs Erhebung der Landschaftssteuern auf mindestens 15000 Rbl. geschätzt wurden. Von dieser allgemeinen Regel, wonach die Vollberechtigung an den Besitz eines Immobils bestimmten Umfanges gebunden ist, macht das Gesetz folgende zwei Ausnahmen: a) Edelleute, welche im Dienst (nicht bei der Verabschiedung) den Rang eines Oberst oder wirklichen Staatsraths erwarben, brauchen überhaupt nur ein Immobil, gleichviel welcher Grösse zu besitzen, und b) für Edelleute, welche ein Triennium das Amt eines Adelsmarschalls bekleideten, fällt das Erforderniss eines Immobiliarsbesitzes gänzlich fort.

Ausser den oben genannten, zur persönlichen Theilnahme an den Versammlungen berechtigten Edelleuten giebt es in denselben auch Vertreter anderer Personen. So kann der Vater, sofern er sonst die gesetzlichen Erfordernisse in sich vereinigt, als Vormund seiner unmündigen, besitzlichen Kinder dieselben vertreten, Edelfrauen können sich durch ihre männlichen Verwandten und wenn solche nicht vorhanden oder verhindert sind, durch fremde, den allgemeinen Voraussetzungen zur Betheiligung an den Wahlen entsprechende Personen repräsentiren lassen. Mehrere Mitbesitzer eines nicht mehr als eine Normaleinheit betragenden Immobils entsenden einen Bevollmächtigten aus ihrer Mitte; stellt das Immobil mehrere Normaleinheiten dar, so kann es von soviel Mitbesitzern direkt vertreten werden, als es solche Einheiten umfasst. Diejenigen Edelleute des Gouvernements, welche mindestens $^1/_{20}$ der zur Wahlberechtigung erforderlichen Normaleinheit besitzen, erwählen in besonderen Kreisversammlungen so viele gemeinschaftliche Bevollmächtigte, als die auf dieser Wahlversammlung vertretenen Immobilien zusammen an Normaleinheiten ergeben.

Die Zugehörigkeit zur Adelskorporation eines bestimmten Gouvernements wird durch die Eintragung in das Adels-Stammbuch (Родословная книга) derselben bedingt. In dieses Stammbuch werden nur die erblichen Edelleute eingetragen. Wer von ihnen in verschiedenen Gouvernements besitzlich ist, gehört den betreffenden Korporationen an und kann in denselben sein Stimmrecht ausüben. Hinsichtlich der nichtbesitzlichen Edelleute wird folgende Unterscheidung gemacht. Waren ihre Vorfahren besitzlich, so haben sie sich dort ein tragen zu lassen, wo diese eingetragen gewesen sind. Gehörten die Vorfahren aber nicht dem Adelsstande an oder besassen sie kein Immobil, so steht es ihnen zu, die Korporation zu wählen, welcher sie sich zuschreiben lassen wollen. Das bezieht sich meist auf Personen, welche den Dienstadel erworben oder durch Verleihung eines Ordens geadelt wurden, ebenso auf ausländische Edelleute, welche in den russischen Dienst treten. Sobald sie aber ein Immobil erwerben, sind sie gehalten sich am Orte der Belegenheit desselben in das Adels-Stammbuch eintragen zu lassen. Die Wahl der Korporation steht übrigens auch denjenigen erblichen Edelleuten zu, welche in mehreren Gouvernements geringwerthige Immobilien besitzen, deren Zusammenlegung mindestens eine Normaleinheit darstellt.

Niemand darf mehr als zwei Stimmen ausüben, eine für sich und eine in Vertretung. Daher hat der Besitzer von in mehreren Kreisen belegenen Normalantheilen in der Gouvernements-Adelsversammlung auch nur eine Stimme.

Der Gouverneur, sollte er auch Mitglied der Korporation sein, darf die Versammlung nicht besuchen, und der in derselben amtlich thätige Gouvernements-Prokureur ist nicht befugt, an den Verhandlungen oder Wahlen sich zu betheiligen.

Die Befugnisse der Adelsversammlungen. Wie oben erwähnt worden, hat das wesentlichste Recht des Adels, die

Wahl zahlreicher Verwaltungsbeamten, den neuen Reformen weichen müssen, und haben sich nur noch in wenigen Gouvernements ganz vereinzelte derartige Wahlrechtsbefugnisse erhalten.*) Im Allgemeinen ist der Adel gegenwärtig auf die Wahl von Beamten seiner eigenen korporativen Verwaltung beschränkt. Er wählt: den Gouvernements-Adelsmarschall, die Kreis-Adelsmarschälle, (Губернскій, bezw. Уѣздный Предводитель Дворянства), Deputirte der Adelsversammlungen, die Sekretäre, Beisitzer der adeligen Vormundschaftsbehörde etc.

Neben der Ausübung jenes Wahlrechts darf der Adel in den Versammlungen über Gegenstände verhandeln, welche seine Interessen betreffen und ist berechtigt, über solche Angelegenheiten durch den Gouvernements-Adelsmarschall dem Gouverneur oder dem Minister des Innern Vorstellungen zu machen, ja in besonders wichtigen Fragen allerunterthänigste Bittschriften direkt an die Kaiserliche Majestät zu richten und zu deren Erläuterung drei Deputirte zu entsenden. Sachen, welche nicht unmittelbar mit seinen Befugnissen zusammenhängen, namentlich die Fragen über Aenderung der in Russland bestehenden Verfassungsgrundlagen, darf der Adel nicht zum Gegenstand von Verhandlungen machen, wohl aber ist es ihm gestattet, über etwaige Missbräuche der örtlichen Verwaltung an die oberen Behörden Vorstellung zu richten. Den Adels-Versammlungen steht es ferner zu, besondere Korporationskassen zu bilden und sich selbst durch freiwillige Beiträge (добровольныя складки) zu besteuern. Die Anträge auf Bewilligung solcher Beiträge können nur vom Gouvernements-Adelsmarschall eingebracht werden. Das Gesetz unterscheidet je nach dem vorliegenden Zweck:

1. Beiträge zur Befriedigung nothwendiger Bedürfnisse der ganzen Korporation oder für gemeinnützige Zwecke und

---

*) Art. 141 des Reichsgesetzbuches Bd. IX lautet: „Den Hauptgegenstand der ordentlichen Gouvernements-Versammlungen bildet deren Befugniss, aus des Adels Mitte gemäss des für das einzelne Gouvernement geltenden Rechts Beamte für verschiedene im Gesetz bestimmte Aemter zu erwählen“.

2. Beiträge, welche keinem allgemeinen Zwecke dienen sollen oder einen privaten Charakter haben.

Hinsichtlich der letztbezeichneten Beiträge wird die „Freiwilligkeit“ vollständig gewahrt, da nach erfolgter Genehmigung des Gouverneurs nur diejenigen Korporationsglieder zur Zahlung verpflichtet sind, welche sie bewilligten. Ganz anders aber steht es mit den oben unter 1. erwähnten Beiträgen. Fand deren Bewilligung einstimmig statt, so unterliegt der Beschluss der Bestätigung des Ministers des Innern, erfolgte aber Widerspruch, dann wird die Frage durch den Minister-Komité an den Kaiser gebracht, und wenn dieser den Beschluss genehmigt, wird die Zahlung zu einer obligatorischen für alle Korporationsglieder, gleichviel ob sie der Versammlung beiwohnten oder nicht.

Die zur Theilnahme an den Versammlungen berechtigten Edelleute sind, sofern sie sich nicht auf ausreichende Entschuldigungsgründe, welche sie rechtzeitig dem Adelsmarschall anzuzeigen haben, berufen können, zu erscheinen verpflichtet, widrigenfalls sie gemäss Art. 1430 und 1431 des Strafgesetzbuches Ordnungsstrafen zu gewärtigen haben.

Der korporativen Geschlossenheit des Adels entspricht es, dass das Gesetz der Versammlung weitgehende Befugnisse hinsichtlich des Ausschlusses ihrer Mitglieder ertheilt. Sie ist dazu mit $^2/_3$ der vorhandenen Stimmen nicht nur denjenigen gegenüber berechtigt, auf welchen gemäss gerichtlichen Urtheiles ein Makel ruht, sondern kann diese Massregel auch dann beschliessen, wenn zwar kein gerichtliches Urtheil vorliegt, wohl aber eine unehrenhafte Handlung zu ihrer Kenntniss gelangt, so lange der solchermaassen Bezichtigte sich nicht rechtfertigt. Ein derartiger Beschluss kann nur wegen formeller Mängel mittelst Beschwerde beim dirigirenden Senat angefochten werden.

§ 92. Die Wahlbeamten des Adels. Dieselben werden auf ein Triennium gewählt und unterliegen der Bestätigung des Gouverneurs; nur den Gouvernements-Adelsmarschall bestätigt der Kaiser, wozu demselben zwei Kandidaten vorgestellt werden. Den Adelsmarschällen liegt es ob, die Interessen des Adels zu vertreten und innerhalb der Korporation auf Einhaltung der gesetzlichen Ordnung zu wachen Der Gouvernements-Adelsmarschall führt den Vorsitz in der Gouvernements-Landschafts-Versammlung, in der Gouvernements-Einschätzungs-Kommission, im Gouvernements-Volksschul-Rath und ist Mitglied der meisten Gouvernements-Institutionen; in diesen nimmt er die erste Stelle nach den Gouverneuren ein. Der Kreis-Adelsmarschall führt den Vorsitz in der Kreislandschafts-Versammlung und in den meisten Behörden des Kreises. Die Kreis-Adelsmarschälle handeln durchaus selbstständig und sind nicht etwa dem Gouvernements-Adelsmarschall dienstlich unterstellt, sondern haben demselben nur in Angelegenheiten des Adels ihre Unterstützung zu leisten und gewisse Berichte abzustatten.

Die Adelsdeputirten bilden eine kollegiale Institution, welcher unter dem Vorsitz des Gouvernements-Adelsmarschalls namentlich obliegt: die Führung des Adels-Stammbuches, die Ertheilung von Adelszeugnissen und die Prüfung der von den Einzelnen beanspruchten Adelsrechte Sie ist direkt dem Heroldie-Departement des Dirigirenden Senats unterstellt.

Die adelige Vormundschaftsbehörde (Дворянская Опека) kann ebenfalls als eine Institution der Adelskorporationen bezeichnet werden, weil nicht allein der Vorsitz in derselben einem Kreis-Adelsmarschall gebührt, sondern auch die Beisitzer (der Regel nach 2—4) vom Adel der betreffenden Kreise gewählt werden, sie endlich sich nur mit Vormundschafts- und Kuratelsachen des Adels zu befassen hat. Ausser dieser Thätigkeit liegt derselben auch noch ob: die Verwaltung Edelleuten gehöriger Landgüter, welche sequestrirt waren, zu einem strittigen Nachlass gehören oder aus sonst einem Grunde der obrigkeitlichen Verwaltung unterliegen. Je nach dem Umfange der Kreise und der Bevölkerungsziffer werden solche Behörden für ein, zwei oder mehrere Kreise errichtet.

Die ihr unmittelbar übergeordnete Instanz ist das Bezirksgericht, welchem die Entscheidung der über die adeligen Vormundschaftsbehörden erhobenen Beschwerden zusteht.

II. Die Landgemeinde.

§ 93. Die Organisation des Bauernstandes. Der russische Bauernstand zerfällt in Gemeinden, welchen das Gesetz eine verhältnissmässig weitgehende Selbstverwaltungsbefugniss ertheilt. Die Organisation derselben ist keine ganz gleichartige, weil sie den in verschiedenen Reichstheilen geltenden eigenartigen Agrargesetzen hat angepasst werden müssen. So besitzen die Gouvernements des Königreichs Polen und die drei Ostseeprovinzen ihre besonderen Gemeinde-Ordnungen vom 19. Februar 1864, bezw. 19. Februar 1866. Aber auch in dem übrigen Russland sind die wirthschaftlichen Zustände nicht gleiche und haben je nachdem, ob die Gemeindeverfassung auf dem sogenannten Gemeindebesitz oder auf dem Einzel- oder Hofbesitz aufgebaut ist. sich in einer Hinsicht geltend gemacht und zwar insofern als dort, wo der Gemeindebesitz herrscht, zwei Organisationsstufen vorhanden sind: 1. die Dorf- oder Urgemeinde (Сельское общество) und 2. die Samtgemeinde (Волость), während die Reichstheile, in denen der Einzelbesitz in Uebung ist, nur die Samtgemeinde kennen. Zu der ersteren Kategorie gehören Grossrussland, Ost- und Südrussland, zur zweiten Westrussland, d. h. West- und Kleinrussland nebst Littauen

§ 94 Die Dorf- oder Urgemeinde ist die zur Nutzung eines gemäss dem Agrarrecht ihr überwiesenen Landantheiles berechtigte Gemeinschaft. Sie stellt sich daher in erster Linie als eine Vereinigung wirthschaftlicher Interessenten dar, welcher die Aufsicht über die Nutzung des gemeinsamen Landantheiles, die Zu- und Eintheilung der einzelnen Parzellen an die Berechtigten und was damit zusammenhängt,*) zusteht.

*) Hierzu gehört die Umlage, sowie die Erhebung der Staats-, Landschafts-, Gemeindesteuern und Reallasten. Für deren Leistung haftet die Gemeinde solidarisch.

Sie ist als juristische Person berechtigt, Eigenthum zu erwerben und zu verwalten, auch steht ihr ein Besteuerungsrecht für Gemeindezwecke zu. Ihre unzuverlässigen, wiederholt strafrechtlich beahndeten oder lasterhaften Glieder kann sie für 3 Jahre von der Betheiligung an den Gemeindeangelegenheiten, ja sogar gänzlich aus dem Verbande ausschliessen und der Regierung zur administrativen Verbannung vorstellen. Sie ernennt Vormünder für Unmündige, übt über dieselben die Aufsicht und ist endlich befugt, über alle mit ihrem Nutzen im Zusammenhang stehenden Angelegenheiten (Gemeindewohlfahrt, Schulen u. s. w.) Berathungen zu pflegen und durch besondere Delegirte Klagen zu erheben oder Bittschriften einzureichen. Die vorgenannten Befugnisse werden von der Gemeinde-Versammlung (Сельскій Сходъ, Міръ, in Kleinrussland Громада genannt) ausgeübt. Zu ihr gehören alle Hauswirthe, d h. die selbstständigen Bewirthschafter von Gemeindelandantheilen und die Wahlbeamten der Gemeinde. Unter diesen, mit besonderen Aufgaben betrauten Beamten, wie Steuereinnehmer, Magazinverwalter, Flurwächter u. s. w. ist der Aelteste (Староста) hervorzuheben, welcher die Versammlung, so oft das Bedürfniss vorliegt, einzuberufen und in der Regel zu leiten hat. Es entscheidet die einfache Stimmenmehrheit, sofern nicht das Gesetz für besondere Verhandlungsgegenstände $^2/_3$ der Stimmen fordert. Der Aelteste ist nicht allein das Verwaltungs-, sondern zugleich das Exekutiv-Organ der Gemeinde; ihm liegt die Beaufsichtigung aller etwa vorhandenen Dorfgemeinde-Anstalten, wie Schulen, Krankenhäuser, Kornmagazine etc. und die Ausführung der Gemeindebeschlüsse ob, deren einzelne von der Aufsichtsbehörde zu bestätigen sind, um verbindliche Kraft zu erlangen. Der Aelteste fungirt zugleich als Polizeibeamter seines Bezirks und ist als solcher der Staatspolizei untergeordnet, deren Befehlen er zu gehorchen hat. Endlich ist ihm eine gewisse Strafgewalt über seine Gemeindegenossen eingeräumt, denn er darf sie für Ungehorsam oder geringfügige Vergehen zum Besten der Gemeinde-Kasse mit einer Geldbusse bis zu einem Rubel, mit Arrest oder mit Gemeindearbeit bis zu zwei Tagen bestrafen.

§ 95. Die Wolost- oder Samtgemeinde umfasst, wo Dorfgemeinden vorhanden sind, mehrere derselben, da sie aus mindestens 300 männlichen Seelen besteht. Sie soll möglichst mit dem Kirchspiele zusammenfallen, doch giebt es Gemeinden mit mehreren Kirchspielen, wie denn überhaupt die Grösse eine sehr verschiedene ist; als Maximum setzt das Gesetz für die Wolostgemeinde 2000 männliche Seelen fest, bestimmt aber zugleich, dass wenn diese Zahl in einer Niederlassung überstiegen werde, diese als eine Gemeinde für sich zu konstituiren sei. Als Organe der Samtgemeinde sind aufzuführen: 1. Die Gemeinde-Versammlung (Волостной Сходъ), 2. der Gemeinde-Aelteste (В. Старшина) mit der 3. Gemeinde-Verwaltung (В. Правленіе) und 4. das Gemeinde-Gericht (В. Крестьянскій Судъ).

Die Gemeinde-Versammlung besteht aus allen Gemeindebeamten und je einem Delegirten auf je 10 Höfe. Sie nimmt die Gemeindewahlen vor, prüft die Rechenschaftslegung der Beamten, stellt die Gemeindebedürfnisse fest, legt die Staats- und Landschaftssteuern um, besteuert sich selbst zu Zwecken der Samtgemeinde, beräth und beschliesst überhaupt über alle die Interessen der Samtgemeinde berührenden Angelegenheiten, ist also das beschliessende Organ der mit den Rechten einer juristischen Person ausgestatteten Gemeinde. Berufen und geleitet wird die Versammlung von dem Gemeinde-Aeltesten, welchem die Exekutive obliegt. Diesem zur Seite steht die Gemeinde-Verwaltung, die aus den Aeltesten der Dorfgemeinden oder besonderen Beisitzern besteht. Der Aelteste ist in seiner Thätigkeit nur in gewissen vom Gesetz ausdrücklich genannten Fällen an dieses Kollegium gebunden, der Regel nach aber selbstständig zu handeln befugt. Die gleichen Strafbefugnisse, wie dem Dorfältesten stehen auch ihm zu, ebenso übt er die Gemeindepolizei aus, er ist den Beamten der Dorfgemeinde übergeordnet, selbst aber wie diese den Organen der Staatspolizei unterstellt

Das Gemeindegericht der Samtgemeinde. Die Versammlung wählt alljährlich eine Anzahl Richter, welche stets zu dreien in bestimmter Reihenfolge zu fungiren haben. Das Gemeindegericht ist durch die Justizreform weder berührt noch mit den allgemeinen Gerichten in eine Beziehung gesetzt worden. Es ist das einzige ständische Gericht und ausschliesslich dazu berufen, über Bauern Recht zu sprechen, sei es bäuerliche Civilstreitigkeiten bis zum Betrage von 100 Rbl. zu entscheiden, sei es geringere Vergehen von Bauern mit Strafe zu beahnden. Die Gerichte urtheilen nach ihrer moralischen Ueberzeugung (по совѣсти) und legen ihren Entscheidungen in sehr ausgedehntem Masse Gewohnheitsrecht und Herkommen zu Grunde. Die Strafgewalt des Gemeindegerichts geht bis auf 7 Tage Arrest, 6 Tage Arbeit, 3 Rubel Geldstrafe, 20 Ruthenhiebe. Von der Körperstrafe sind übrigens ganze Kategorien von Personen wie Frauen, Beamte, Männer von mehr als 60 Jahren und andere ausgeschlossen. Wider die Erkenntnisse der Gemeindegerichte ist eine Nichtigkeitsbeschwerde zulässig, wenn sie ihre Zuständigkeit überschritten oder gegen die elementarsten Grundsätze des Verfahrens verstiessen, etwa ein Urtheil fällten, ohne den Beklagten gehört zu haben

§ 96. Die Aufsicht über die Landgemeinden und deren Organe ist nicht einheitlich geregelt. Sie wurde bei Aufhebung der Leibeigenschaft besonderen Beamten, den Friedensvermittlern, (Мировые Посредники) übertragen, welchen zugleich die Ordnung der sog. Loskaufsoperation, d. h. der agraren Beziehungen zwischen den Gutsherrn und den Bauern oblag. Die zweite Instanz bildete die Versammlung der Friedensvermittler des Kreises. In dem Jahre 1874 wurde für diejenigen Gouvernements, in welchen die Landschafts- und Friedensrichter-Institutionen zur Einführung gelangt waren, an die Stelle der Friedensvermittler die im § 88, 3 erwähnten Kreis- und Gouvernements-Behörden für bäuerliche Angelegenheiten ins Leben gerufen, dann folgte das Gesetz vom 12. Juli 1889, welches bestimmt, dass diese kollegialen Behörden allmählich durch das Institut der Landhauptleute (Земскіе Участковые Начальники) zu ersetzen sei. Für dieses Amt setzt das Gesetz gewisse Voraussetzungen fest, wie: Zugehörigkeit zur Adelskorporation, einen gewissen Bildungsgrad, Besitz eines bestimmten Immobiliarvermögens innerhalb des Gouvernements oder Kreises, das Alter von mindestens 25 Jahren u. dgl. mehr. Von diesen Bedingungen ist indessen allein diejenige des Alters eine absolute, während die übrigen nur als Regel zu gelten haben. Die Versammlung der Landschaftshauptleute eines Kreises bildet die zweite Instanz für die ihnen überwiesenen Angelegenheiten, und als oberste Behörde fungirt die unter dem Vorsitz des Gouverneurs befindliche Gouvernements-Behörde, welcher der Gouvernements-Adelsmarschall als Glied angehört. Dem Landhauptmann sind hinsichtlich der ihm unterstellten Gemeinde-Verwaltungen und Beamten sehr weitgehende Machtbefugnisse ertheilt. Er hat Einsicht in alle Beschlüsse der Gemeinde-Versammlungen und kann sie bei vorliegender Gesetzwidrigkeit aufheben. Einzelne derselben bedürfen, um gültig zu sein, überhaupt seiner Bestätigung. Ihm steht ferner die disziplinare Beahndung und Amtssuspension der Gemeindebeamten, ebenso eine diskretionäre Strafgewalt gegenüber den Bauerngemeindemitgliedern zu, welche er für Nichterfüllung gesetzlicher Anordnungen „ohne Einleitung eines förmlichen Verfahrens“ dreitägigem Arrest oder einer Geldstrafe bis zu sechs Rubeln unterziehen kann. In Abwesenheit des Kreispolizeichefs hat er überdies auch dessen polizeiliche Obliegenheiten (Verfolgung von Verbrechern u. dgl. m., Sorge für die allgemeine Wohlfahrt u. s. w.) wahrzunehmen.

III. **Die Landschaftsordnung.** (Положеніе о Земскихъ Учрежденіяхъ.)

§ 97. Die Organisation der Landschaft. In den Gouvernements, welche die Landschaftsordnung besitzen, giebt es eine Gouvernements-Landschafts-Versammlung und soviele Kreis-Landschafts-Versammlungen als dort Kreise vorhanden sind.*) Jede dieser Versammlungen hat als ausführendes Verwaltungsorgan ein von ihr und aus ihrer Mitte gewähltes Gouvernements- oder Kreis-Landamt (Управа). Die Wahlberechtigten im Kreise wählen die Abgeordneten (Гласные) für die Kreisversammlung und aus den Wahlen der sämmtlichen Kreisversammlungen des Gouvernements geht die Gouvernements-Versammlung hervor.

Berechtigt zur Theilnahme an den Wahlen der Abgeordneten des Kreises sind, vorausgesetzt dass sie den allgemeinen Bedingungen (Rechtsfähigkeit, Unbescholtenheit, russische Unterthanschaft etc.) entsprechen, Einzelpersonen, sowie gelehrte Gesellschaften, Lehr- und Wohlthätigkeitsanstalten, Handelsgesellschaften und Kompagnien, wenn sie im Kreise Landbesitz von für jeden Kreis gesetzlich bestimmtem Umfange oder ein sonstiges (auch städtisches) Immobil, welches zur Erhebung der Landschaftssteuern auf mindestens 15000 Rbl. geschätzt ist, als Eigenthum besitzen. Dem Eigenthum ist lebenslängliches Nutzungsrecht gleichgestellt. Die Ausübung des Wahlrechts kann nur erfolgen, wenn das Eigenthums- oder Nutzungsrecht mindestens schon ein Jahr bestand. Doch nicht alle diese Personen sind in gleichem Grade wahlberechtigt, es hängt vielmehr 1. von dem Umfange des Besitzes. 2. vom Alter der Person, 3. von deren Geschlecht ab, ob sie das Wahlrecht persönlich oder durch Vertretung auszuüben hat.

1. Persönlich wählen Männer, welche das 25. Lebensjahr erreicht haben und ein den Steuersatz des Kreises (Normaleinheit)

---

*) Die Städte St. Petersburg, Moskau und Odessa bilden Landschafts-Kreise für sich. Ihre Stadtverordneten-Versammlungen und Stadtämter üben in Landschaftssachen die Befugnisse von Kreis-Versammlungen und Kreis-Landämtern aus.

repräsentirendes Landstück*) oder ein sonstiges auf mindestens 15000 Rbl. geschätztes Immobil besitzen.**)

2. Durch Vertreter wählen: a) Männer unter 25 Jahren und Frauen. Sind die Männer mündig (21 Jahre alt), so dürfen sie Wahlvollmachten ertheilen, während die Unmündigen und Minderjährigen durch ihre Vormünder und Kuratore vertreten werden. Frauen sind in der Vollmachtertheilung beschränkt, sie darf nur an den Vater, den Mann, den Sohn, den Schwager, den Grosssohn, den Bruder oder den Neffen erfolgen. Dafür brauchen diese Bevollmächtigten nicht persönlich wahlberechtigt zu sein, während das von anderen Bevollmächtigten und ebenso von den Kuratoren der Minderjährigen gefordert wird. b) Personen männlichen Geschlechts, welche das 25. Lebensjahr erreicht haben und innerhalb des Kreises nicht weniger als $^1/_{10}$ des den Steuersatz des Kreises repräsentirenden Landstückes oder ein auf mindestens 1500 Rbl. geschätztes Immobil besitzen. Sie üben das Wahlrecht durch von ihnen auf den Wahlzusammenkünften (Избирательные Съѣзды) gewählte Wahlmänner, also indirekt aus. Die Wahlen beginnen stets mit der Einberufung dieser Wahlzusammenkünfte der kleineren Leute, und zwar giebt es da zwei getrennte Gruppen. Zur ersten, die unter Leitung des Kreis-Adelsmarschalls ihre Wahlmänner wählt, gehören die erblichen und persönlichen Edelleute, zur zweiten, welche von dem Stadthaupte der Gouvernements- oder Kreisstadt geleitet wird, alle anderen zur Ernennung von Wahlmännern befugten Personen. Die Zahl der auf diesen Zusammenkünften von jeder der beiden

*) Das Gesetz bestimmt für jeden einzelnen Kreis wieviel Dessatinen ein Landstück zu umfassen hat, um dem Besitzer das persönliche Wahlrecht zu ertheilen. Es varirt dabei von 125—800 Dessätinen. Die Dessatine entspricht 109,25 Ar

**) Gesellschaften, Anstalten und Gemeinschaften üben das Wahlrecht durch ihre gesetzlichen Vertreter aus, welche nicht besitzlich zu sein brauchen, aber die persönliche Qualifikation eines Wählers haben müssen

Gruppen aus ihrer Mitte zu erwählenden Wahlmänner richtet sich danach, wieviel Normaleinheiten die Zusammenlegung des auf der Versammlung vertretenen Land- und Immobiliarbesitzes ergiebt; für jede solche Einheit wird ein Wahlmann erwählt.

Die so gefundenen Wahlmänner bilden vereint mit den zur persönlichen Wahl der Kreisabgeordneten berechtigten Personen, die Kreiswahlversammlung. (Уѣздное Избирательное Собраніе.) Diese wählt indessen nicht, wie man vermuthen sollte, als ein geschlossener Körper, sondern es findet abermals eine itio in partes statt, denn sie teilt sich in zwei Gruppen. Die eine besteht unter Vorsitz des Kreis-Adelsmarschalls aus den Edelleuten, die andere unter Vorsitz des Stadthauptes der Gouvernements- oder Kreisstadt aus den sämmtlichen anderen Wahlberechtigten mit Ausschluss der Bauern. Die letzteren bilden nämlich eine dritte, mit der ganzen beschriebenen Wahlorganisation in gar keinem Zusammenhange stehende Wählergruppe für sich; jede Versammlung der Samtgemeinde im Kreise wählt einen Abgeordneten für die Kreisversammlung. Wie viele Abgeordnete jede der vorbenannten Gruppen zu wählen hat, ist für den einzelnen Kreis durch das Gesetz bestimmt und zwar wird dabei der Adel bedeutend bevorzugt, da ihm fast überall die Wahl von mehr Abgeordneten zusteht, als den beiden anderen Gruppen zusammen. Wo in einem Kreise die Zahl der Bauerngemeinden grösser ist als die Zahl der dem Bauernstande zugestandenen Vertreter, bestimmt der Gouverneur, welchem die Wahllisten vorgestellt werden, wer von den Gewählten als Abgeordneter zu fungiren habe und in welcher Reihenfolge die Uebriggebliebenen als eventuelle Stellvertreter heranzuziehen seien. Im umgekehrten Falle kann er grösseren Gemeinden das Recht der Wahl von 2 Abgeordneten ertheilen.

Die Wahlversammlungen führen nur in dem Falle die Wahlen aus, wenn auf ihnen mehr als $^2/_3$ der zu wählenden Abgeordneten erschienen sind. Ist die Zahl eine geringere, so gelten die Erschienenen als Abgeordnete. Jede der beiden

Gruppen darf nur ihr Angehörige, darunter aber auch Abwesende wählen, sofern dieselben nicht etwa einen Wahlverzicht kundgethan haben.

In der Kreis-Landschafts-Versammlung haben neben den von den Kreiseingesessenen gewählten Abgeordneten noch Sitz und Stimme: 1. je ein Delegirter des Domänen- und Apanagen-Ressorts, 2. ein Delegirter des geistlichen Ressorts, falls die Eparchialobrigkeit einen solchen entsendet und 3. das Stadthaupt der Gouvernements- oder Kreisstadt, je nach der Belegenheit des Kreises.

Den Vorsitz führt in der Kreisversammlung der Kreis-Adelsmarschall. Die ordentlichen Kreisversammlungen werden mit Genehmigung des Gouverneurs vom Kreisamt jährlich einmal, nicht später als im Oktober einberufen und dauern 10 Tage. Eine Verlängerung dieser Frist ist der Gouverneur zu genehmigen befugt.

Sie wählen 1. das aus einem Vorsitzenden und zwei Beisitzern bestehende Kreis-Landamt, welches mit Genehmigung des Ministers um zwei Personen vergrössert werden kann, 2. aus ihrer Mitte die im Gesetz bestimmte Zahl von Mitgliedern der Gouvernements-Landschaftsversammlung.

In der Gouvernements-Versammlung haben neben den von den Kreisversammlungen gewählten Abgeordneten noch Sitz und Stimme: 1. die Kreis-Adelsmarschälle, 2. die örtlichen Verwaltenden der Domänen und Apanagen und 3. ein Deputirter des geistlichen Ressorts, falls die Eparchialobrigkeit einen solchen entsendet. Den Vorsitz führt, falls es nicht Sr. Majestät belieben sollte, eine besondere Bestimmung zu treffen, der Gouvernements-Adelsmarschall.

Die ordentlichen Gouvernements-Versammlungen werden von dem Gouvernements-Landamt mit Genehmigung des Gouverneurs, jährlich einmal, nicht später als im Dezember einberufen und dauern 20 Tage Eine Verlängerung dieser Frist ist der Gouverneur zu genehmigen befugt.

Sie wählen das aus einem Vorsitzenden und zwei Beisitzern bestehende Gouvernements-Landamt, welches mit Genehmigung des Ministers um vier Personen vergrössert werden kann. Die Landschafts-Versammlungen sind berechtigt, den Bedürfnissen entsprechend, Kommissionen zu erwählen und Beamte zu ernennen

Ausserordentliche Gouvernements- und Kreisversammlungen können mit Genehmigung des Ministers einberufen werden.

Der Vorsitzende des Gouvernements-Landamtes wird vom Minister bestätigt, die Bestätigung der sonstigen Mitglieder der Landämter erfolgt durch die Gouverneure, sie gelten als im Staatsdienst stehend, daher können sogar diejenigen unter ihnen, welche das Recht des Eintrittes in den Staatsdienst nicht erworben haben, nach dreijährigem Dienst auf Vorstellung des Gouverneurs den ersten Klassenrang erhalten. Zu Vorsitzenden der Landämter und zum Mitgliede der Gouvernements-Behörde für landschaftliche und städtische Angelegenheiten sind nur Personen wählbar, welche das Recht des Eintrittes in den Staatsdienst erworben haben. Bei der Wahl von Mitgliedern der Landämter sind die Versammlungen nicht auf Gouvernements- oder Kreisabgeordnete beschränkt, sondern es ist nur erforderlich, dass der Kandidat die Befugniss besitzt, an den Wahlzusammenkünften (s. oben) Theil zu nehmen und erwirbt eine solche Person mit Uebernahme des Amtes zugleich das Stimmrecht eines Abgeordneten in der betreffenden Versammlung. Der Minister und der Gouverneur sind befugt, falls sie zweimal hinter einander den zu einem Amte vorgestellten Kandidaten nicht bestätigten, dieses Amt für die Wahlperiode von sich aus zu besetzen.

Die Eröffnung und Schliessung der Gouvernements-Versammlung erfolgt durch den Gouverneur, diejenige der Kreis-Versammlung durch deren Vorsitzenden. Die Hälfte der Mitglieder muss anwesend sein, damit die Versammlung beschlussfähig sei. Unentschuldigtes, bezw. nicht genügend entschuldigtes Ausbleiben wird gemäss Art. 1440[1] des Strafgesetzbuches beahndet. Die Versammlungen erwählen aus ihrer Mitte einen Schriftführer. Die Wahlperiode der Landschaften ist eine dreijährige.

Von jeglicher Theilnahme an den Wahlen der Landschaft sind, sollten sie auch sonst die gesetzliche Qualifikation besitzen, noch bestimmte Personen und Kategorien ausgeschlossen, wie: 1. die Juden, 2. die Geistlichen und Kirchendiener christlicher Bekenntnisse (heidnischer somit nicht), 3. der Vorsitzende und die Mitglieder der Gouvernements-Behörde für landschaftliche und städtische Angelegenheiten (mit Ausnahme des Gouvernements-Adelsmarschalls, des Vorsitzenden des Gouvernements-Landamtes und des Delegirten der Gouvernements-Landschafts-Versammlung), 4. die Polizeibeamten und 5. die Mitglieder der örtlichen Prokuratur u. A. m.

§ 98. Die Rechte und der Thätigkeitskreis der Landschaft. Zu den Aufgaben der Landschaften gehört:

1. die Verwaltung der örtlichen Geld- und Naturalleistungen;

2. die Verwaltung des Landschaftsvermögens;

3. die Fürsorge für die Volksverpflegung;

4. die Unterhaltung und der Bau von Landschaftswegen und Landungsplätzen ausserhalb der Städte;

5. die Einrichtung und Unterhaltung einer Landschaftspost;

6. die Verwaltung der gegenseitigen Vermögensversicherung;

7. die Verwaltung von Hospitälern und Wohlthätigkeitsanstalten, nebst Fürsorge für alte und gebrechliche Leute;

8. das Sanitätswesen, die Verhütung von Epidemien und Epizotien;

9. das Bauwesen und die Maassnahmen wider Feuersgefahr;

10. die Volksbildung und Errichtung von Schulen u. dgl. m.;

11. die Hebung der Landwirthschaft, des Handels, der Industrie, die Vernichtung von den Wiesen und Feldern schädlichen Insekten und Thieren;

12. die Befriedigung der den Landschaften in vorgeschriebener Ordnung von der Militär- und Civilverwaltung auferlegten Leistungen;

13. die den Landschaften durch besondere Gesetze und Verordnungen zugewiesenen Angelegenheiten.

Mit allen vorbezeichneten Gegenständen befasst sich, sobald es sich um das ganze Gouvernement oder um mehrere Kreise handelt, die Landschaft des Gouvernements, während die Kreisversammlungen sich mit ihnen beschäftigen, sofern es sich um ihren speziellen Kreis handelt. Diese gleichartige Kompetenz und der Mangel einer klaren sachlichen Abgrenzung der Befugnisse bildet die Quelle häufiger Differenzen zwischen den Gouvernements- und Kreisversammlungen. Zur Erfüllung der ihnen zugewiesenen Aufgaben sind die Landschaften die folgenden Steuern (земскіе сборы) zu erheben befugt:

1. Eine Immobiliarsteuer von den im Kreise oder in den Städten belegenen Immobilien, mit Ausnahme bestimmter im Gesetz besonders namhaft gemachter Die Einschätzung derselben nach Werth und Einkommen bleibt jeder Landschaft überlassen, wobei sie nur darin beschränkt ist, dass bei Fabriken und sonstigen gewerblichen Unternehmungen allein der Werth des Immobils, bezw. das Einkommen aus demselben, nicht aber etwa der Umsatz oder der Werth der Fabrikate etc. in Betracht zu kommen hat.

2. Eine Zuschlagssteuer zu den Staatssteuern

a) von den durch das am 8. Juni 1898 Allerhöchst bestätigte Gesetz (Art. III, 1 und 2) über die Reichsgewerbesteuer eingeführten Gewerbescheinen und zwar: von dem Preise dieser Scheine für innerhalb des Gouvernements, sei es in den Städten, sei es auf dem flachen Lande befindliche Handelsunternehmungen I. und II. Kategorie, gewerblichen Unternehmungen der ersten fünf Kategorien, sowie auch von dem Preise der für Dampferunternehmungen zu lösenden Gewerbescheine nicht mehr als fünfzehn Prozent und von dem Preise aller übrigen Gewerbescheine nicht mehr als zehn Prozent, b) von den Patenten zur Fabrikation und zum Vertriebe geistiger und der Accise unterliegender Getränke.

Ausserdem darf die Gouvernements-Landschaftsversammlung, wenn sie Massnahmen zum Schutze wider Rindviehseuchen ergreift, von den Rindviehbesitzern eine besondere, nur diesem Zwecke dienende Steuer erheben. Die Kassen der Landschaften werden endlich noch durch gewisse ihnen zugewiesene Gerichts- und Stempelgebühren gespeist. Die Kreis-Aemter führen besondere Bücher, in welche der Schätzungswerth jedes einzelnen Immobils einzutragen ist. Die Erhebung der Steuer von den in Stadt- und Landgemeinden belegenen Immobilien erfolgt durch die Verwaltung der betreffenden Gemeinde. Der Gouvernements-Landschaftsversammlung ist es anheim gestellt, die von ihr beschlossenen Steuern entweder direkt von den Zahlungspflichtigen einzuziehen, oder sie auf die Kreise zu vertheilen und gemäss der vom Kreise angeordneten Umlage erheben zu lassen.

Die Landschaften besitzen die Rechte juristischer Personen und in Rechtsstreiten die dem Fiskus gewährten Privilegien. Es steht ihnen ferner zu, sowohl für das ganze Gouvernement wie für einzelne Theile verbindliche Ortsstatuten zu erlassen, welche, wenn sie der Gouverneur bestätigt, öffentlich bekannt gemacht werden. Endlich sind sie berechtigt, der Regierung durch den Gouverneur Gesuche betreffend örtliche Bedürfnisse und Wünsche den höheren Regierungsinstanzen vorzustellen.

Die den Landschaften zustehende Verwaltung örtlicher Angelegenheiten nebst der mit dieser verbundenen Aufbringung von Mitteln ist entweder eine obligatorische oder eine freiwillige.

Obligatorisch ist u. A. der Unterhalt der Polizei, der Bauernbehörden, der Friedensrichter und örtlichen Gefängnisse, gewisser Wege, die Leistung von Vorspanndiensten, die Einquartirung der Truppen für vom Kriegsminister bestimmte, oft zu niedrige Preise u. s. w., freiwillig dagegen ist die Befriedigung solcher Bedürfnisse, wie: Bildungs- und

Sanitätswesen, Armenpflege, Einrichtung von Krankenhäusern u. s. w.

§ 99. Die Aufsicht über die Thätigkeit der Landschaften. Diese übt der Gouverneur in Gemeinschaft mit der Gouvernementsbehörde für landschaftliche und städtische Angelegenheiten aus, welche unter seinem Vorsitz folgendermassen zusammengesetzt ist: 1. Gouvernements-Adelsmarschall, 2. Vice-Gouverneur, 3. Chef des Kameralhofes, 4. Prokureur des Bezirksgerichts, 5. Vorsitzender des Gouvernements-Landamtes, 6. Stadthaupt der Gouvernements-Stadt, 7. ein Delegirter der Gouvernements-Landschaftsversammlung.

Der Gouverneur ist berechtigt, die Land-Aemter und alle landschaftlichen Institute zu revidiren und die Abstellung etwa entdeckter Mängel zu beantragen. Wird seinen Anträgen keine Folge gegeben, so überweist er die Sache an die Gouvernements-Behörde f. l. und st. A. Deren Entscheidung ist verbindlich, kann aber von den Landschaftsversammlungen mittelst Beschwerde beim Dirigirenden Senat angefochten werden.

Die Beschlüsse der Versammlungen zerfallen hinsichtlich der Staatsaufsicht in drei Kategorien und zwar in solche, welche 1. der Minister, 2. der Gouverneur zu bestätigen hat, und die 3. keiner Bestätigung bedürfen. Die von der ministeriellen Bestätigung abhängenden Beschlüsse werden dem Minister mit einem Gutachten der Gouvernements-Behörde f. l. und st. A. vorgestellt. Die Entscheidung des Ministers ist allendlich, es giebt, wenn er die Bestätigung verweigert, kein Rechtsmittel dagegen.

Hinsichtlich der von der Bestätigung des Gouverneurs abhängenden Beschlüsse gilt Folgendes: Verweigert der Gouverneur dieselbe, so giebt er die Sache zur Entscheidung an die Gouvernements-Behörde f. l. und st A. Wenn sich diese seiner Meinung anschliesst, ist die Angelegenheit allendlich erledigt, im entgegengesetzten Falle wird sie an den Minister devolvirt und von diesem definitiv entschieden.

Aber auch die keiner obrigkeitlichen Genehmigung bedürfenden Beschlüsse unterliegen der Aufsicht des Gouverneurs, der befugt ist, dieselben zu beanstanden. 1. wenn sie dem Gesetze widersprechen, die Kompetenz der Landschaften überschreiten oder Verletzungen der Form vorliegen, 2. wenn sie den allgemeinen Interessen des Staats zuwiderlaufen oder offenbar diejenigen der Bevölkerung verletzen. In solchen Fällen muss der Gouverneur innerhalb einer Frist von zwei Wochen seinen Protest verlautbaren, widrigenfalls der Beschluss rechtskräftig wird Die Folgen des Protestes sind in den beiden bezeichneten Fällen verschiedene.

ad. 1. Der beanstandete Beschluss wird innerhalb einer monatlichen Frist der Gouvernements-Behörde f. l. und st. A. überwiesen. Deren Entscheidung kann sowohl die betroffene Landschaftsversammlung als auch der Gouverneur im Senat anfechten.

ad. 2. Der beanstandete Beschluss gelangt unter Beifügung eines Gutachtens der Gouvernements-Behörde f. l. und st. A. an den Minister. Dieser entscheidet entweder von sich aus oder er ruft, wenn es sich um eine Erhöhung der Landschaftsteuern handelt, den Reichsrath, in allen anderen Fällen den Ministerkomité an. Derartig beanstandete Beschlüsse von Kreis-Versammlungen werden zuvor der Gouvernements-Versammlung vorgelegt, und erst wenn diese einen den Gouverneuren nicht zufriedenstellenden Beschluss fasste, von demselben an die genannten Instanzen weiter befördert.

IV. **Die Städteordnung** (Городовое Положеніе).

§ 100. Die Organisation der Stadtvertretung. Die Berechtigung zur Theilnahme an der städtischen Kommunalverwaltung durch Mitwirkung bei Wahl der Stadtverordneten ist, abgesehen von den allgemeinen Voraussetzungen, (Rechtsfähigkeit, Unbescholtenheit, russische Unterthanschaft etc.) an einen Vermögenszensus geknüpft, welcher mit der Grösse der Städte in Zusammenhang sich befindet. Das Gesetz verlangt den Eigenthumsbesitz oder das lebenslängliche Nutzungsrecht an einem im städtischen Weichbilde belegenen Immobil, welches behufs Erhebung der Stadtsteuern eingeschätzt wurde — in den Residenzen auf mindestens 3000 Rbl., in Städten von mehr als 100000 Einwohnern auf mindestens 1500 Rbl., in den Gouvernements-Gebiets- und bedeutenderen Kreisstädten — auf mindestens 1000 Rbl. und in den übrigen Städten auf mindestens 300 Rbl. Das Eigenthums- oder Nutzungsrecht darf nicht jünger als ein Jahr alt sein. Nicht nur Privatpersonen sind unter dieser Voraussetzung wahlberechtigt, sondern auch Gesellschaften, Anstalten etc. Ausserdem aber wird das Wahlrecht von Privatpersonen und Gesellschaften erworben, wenn sie mindestens ein Jahr hindurch innerhalb der Stadtgrenzen ein kaufmännisches oder industrielles Unternehmen besitzen, welches gemäss dem Gesetz über die Reichsgewerbesteuer vom 8. Juni 1898 die Lösung von Gewerbescheinen erheischt. In den Residenzen besitzen demnach die Wahlberechtigung: Handelsunternehmungen der ersten Kategorie, Gewerbeunternehmungen der drei ersten Kategorien und Dampferunternehmungen, für welche eine Gewerbesteuer von mehr als 500 Rbl. jährlich erhoben wird, — in den anderen Städten — Handelsunternehmungen der ersten und zweiten Kategorie, Gewerbeunternehmungen der ersten fünf Kategorien und Dampferunternehmungen, für welche eine Gewerbesteuer von mehr als fünfzig Rbl. jährlich erhoben wird. Hierdurch ist die in der Städteordnung an das Wahlrecht der Kaufleute geknüpfte Voraussetzung der Zugehörigkeit zu einer der beiden Kaufmannsgilden beseitigt.

Hinsichtlich der Vertretung von Männern, welche das 25. Lebensjahr nicht erreicht haben, von Minderjährigen, Unmündigen, Frauen, Gesellschaften und Anstalten etc. gelten die gleichen Bestimmungen wie in der Landschaftsordnung (§ 97). Die Wahlen sind direkte und erfolgen in einer besonders einzuberufenden Wahlversammlung, welche übrigens in den grösseren Städten mit Genehmigung der Aufsichtsbehörden durch mehrere

Stadtbezirks-Versammlungen ersetzt werden kann. Solchenfalls wählt jede dieser Bezirksversammlungen eine ihrer Wählerzahl proportionale Anzahl von Stadtverordneten und zwar nur aus den Wahlberechtigten ihres Bezirks. Die Versammlung wird vom Stadthaupt geleitet und nimmt die Wahlen nur in dem Falle vor, wenn die Zahl der erschienenen Wähler diejenige der zu wählenden Stadtverordneten und Kandidaten zu diesem Amte übersteigt. Die aktive Wahlberechtigung schliesst die passive ein Die Zahl der Stadtverordneten einer Stadt hängt von der vorhandenen Wählerzahl ab. Wo nur 100 Wähler vorhanden sind, sind 20 Stadtverordnete zu wählen, wo die Wählerzahl 100 übersteigt, werden auf je 50 Wähler mehr drei Verordnete gewählt und zwar bis folgende Zahlen erreicht sind: in den Residenzen — 160, in Städten von mehr als 100000 Einwohnern und in Odessa — 80, in den Gouvernements- und ansehnlichen Kreisstädten — 60 und in den übrigen — 40 Stadtverordnete. Sollten nach zweimaliger Wahl weniger als $^1/_3$ der gesetzlich bestimmten Zahl von Stadtverordneten gewählt werden, so steht es dem Minister des Innern zu, den Bestand durch Ernennung von Stadtverordneten der früheren Wahlperiode, welche die grösste Stimmenzahl auf sich vereinigt hatten, zu ergänzen. Die Zahl der keinem christlichen Bekenntnisse angehörigen Stadtverordneten darf $^1/_5$ des gesetzlichen Bestandes nicht übersteigen. Die Wahlperiode der Städte ist eine dreijährige.

Juden sind von der Theilnahme an der städtischen Verwaltung im Allgemeinen ausgeschlossen, nur in denjenigen Gouvernements, welche zu ihrem Ansiedelungsgebiet gehören, (§ 29) dürfen sie $^1/_{10}$ der Stadtverordnetenplätze einnehmen. Ausgeschlossen sind ferner, sollten sie auch sonst die gesetzliche Wahlqualifikation besitzen, 1. Personen, auf welchen mehr als halbjährige städtische Steuerrückstände ruhen, 2. die Geistlichen und Kirchendiener christlicher Bekenntnisse, 3. der Vorsitzende und die Mitglieder der Gouvernements-Behörde für l. u. st. A. (mit Ausnahme des Gouvernements-Adelsmarschalls, des Stadthauptes, der landschaftlichen oder städtischen Delegirten). 4. die Polizeibeamten, 5. die Mitglieder der örtlichen Prokuratur u. A. m.

In der Stadtverordneten-Versammlung haben ausser den von der Bevölkerung gewählten Stadtverordneten Sitz und Stimme: 1. der Vorsitzende des örtlichen Landamtes, (wo die Landschaftsordnung eingeführt ist), 2. ein Delegirter des geistlichen Ressorts, falls die Eparchialobrigkeit einen solchen entsendet und 3. das Stadthaupt und die Stadträthe, falls diese Aemter von Personen bekleidet sein sollten, welche nicht Stadtverordnete sind. Die Leitung der Versammlung übt das Stadthaupt aus. Sie hat mindestens viermal und höchstens vier und zwanzigmal jährlich zu tagen und ist bei Anwesenheit der Hälfte ihres Bestandes beschlussfähig. Unentschuldigtes oder nicht genügend entschuldigtes Ausbleiben wird gemäss Art. 1440[I] des Strafgesetzbuches beahndet. Alle die Interessen der Stadt betreffenden Angelegenheiten unterliegen ihrer Berathung und Beschlussfassung. Sie ist befugt im Bereich ihrer Kompetenz verbindliche Ortsstatute zu erlassen, welche, wenn sie der Gouverneur bestätigt, öffentlich bekannt gemacht werden und darf endlich durch den Gouverneur Gesuche betreffend örtliche Bedürfnisse und Wünsche den höheren Regierungsinstanzen vorstellen. Aus ihrer Wahl geht auch das städtische Exekutivorgan, das Stadtamt (Городская Управа), hervor, welches unter dem Vorsitz des Stadthauptes und mindestens zwei (in grösseren Städten bis zu sechs) Beisitzern (Stadträthen) besteht.*) Ausserdem steht es ihr zu, dem Bedürfnisse entsprechend besonderen Kommissionen oder Einzelpersonen gewisse Verwaltungszweige zu übertragen. In den Residenzen ist die Ernennung der Stadthäupter dem Kaiser vorbehalten. Die Gehülfen der Stadthäupter in den Residenzen,

---

*) Unbedeutende Städte brauchen kein Stadtamt zu erwählen, können vielmehr dessen Thatigkeit dem Stadthaupte übertragen, welchem solchenfalls ein Gehülfe beigegeben wird.

die Stadthäupter der Gouvernements-Städte nebst ihren Gehülfen werden vom Minister, alle übrigen Stadthäupter und Stadträthe vom Gouverneur bestätigt. Das Gleiche gilt hinsichtlich des Stadtsekretärs, welcher sowohl in der Stadtverordneten-Versammlung als auch im Stadtamt fungirt und von der ersteren auf eine ihrem Ermessen anheimgegebene Zeit gewählt wird. Die Amtsdauer der Mitglieder des Stadtamtes ist entsprechend der städtischen Wahlperiode eine vierjährige, doch scheidet im Gegensatz zu der Landschaftsordnung nicht der ganze Bestand der Stadträthe gleichzeitig aus dem Amte, sondern alle zwei Jahre die Hälfte derselben. Stadthaupt und Stadträthe gelten als im Staatsdienste stehend und unterliegen gleich den Mitgliedern der Landämter der disziplinaren Beahndung, können aber, wenn sie das Recht des Eintrittes in den Staatsdienst nicht besitzen, im Gegensatz zu den Bestimmungen der Landschaftsordnung keinen Klassenrang erhalten.

§ 101. **Die Rechte und der Thätigkeitskreis der Stadtverwaltung.** Als zum Thätigkeitsgebiet der Stadtverwaltungen gehörig bezeichnet das Gesetz die folgenden Gegenstände:

1. die Verwaltung der städtischen Steuern und Gefälle;
2. die Verwaltung des städtischen Vermögens;
3. die Fürsorge für die Volksverpflegung;
4. die Herrichtung von Plätzen, Strassen, Brücken, Kanälen etc.;
5. die Armenpflege, Errichtung von Heil- und Wohlthätigkeitsanstalten u. dgl. m.;
6. das Sanitätswesen;
7. das Feuerlöschwesen und was damit zusammenhängt;
8. die Betheiligung bei Verwaltung gegenseitiger Vermögensversicherung;
9. die Hebung der Volksbildung und Betheiligung an der Verwaltung von Schulanstalten;

10. die Fürsorge hinsichtlich Errichtung von Theatern, Museen, Bibliotheken und anderen gemeinnützigen Anstalten;

11. die Hebung von Handel und Industrie, die Errichtung von Kreditanstalten und Mitwirkung bei Errichtung von Börsen-Instituten;

12. die Befriedigung der den Städten in vorgeschriebener Ordnung von der Militär- und Civilverwaltung auferlegten Leistungen;

13. die den Städten durch besondere Gesetze und Verordnungen zugewiesenen Angelegenheiten.

Ausser diesen allgemeinen, wesentlich mit den der Landschaft zugewiesenen Aufgaben übereinstimmenden Bestimmungen ist den Städten noch ausdrücklich gestattet, den Bau und die Unterhaltung griechisch-orthodoxer Gotteshäuser zu übernehmen und für solche Anstalten zu sorgen, welche die Festigung des religiösen Gefühls und die Hebung der Sittlichkeit bezwecken.*)

Gleich den Landschaften sind auch die Städte zu gewissen Leistungen verpflichtet, wie: Unterhalt der Polizei, Sorge für das Feuerlöschwesen, Einquartirung von Truppen und dgl. m.

Die den Städten überlassenen Steuern sind folgende:

1. Eine Immobiliarsteuer von den in dem Stadtgebiet belegenen Immobilien mit Ausnahme gewisser im Gesetz besonders bezeichneter. Sie darf indessen nicht mehr als 1 % des Schätzungswerthes oder 10 % des Reinertrages erreichen.

---

*) Die Bevorzugung der „herrschenden Kirche", welche allein befugt ist, Delegirte in die Landschafts- und Stadtverordneten-Versammlung zu entsenden, tritt hier wieder in krasser Weise entgegen und macht sich dort besonders empfindlich geltend, wo die überwiegende Zahl der Steuerzahler einem „geduldeten Bekenntnisse" angehört Die Praxis hält an dem Wortlaut obiger Bestimmung fest und ist von den Aufsichtsbehörden wiederholt fur Kirchen nicht griechisch-orthodoxen Bekenntnisses jede Bewilligung als dem Gesetze widersprechend beanstandet worden, obwohl man der Meinung sein sollte, dass auch diese Anstalten sind, welche „die Festigung des religiösen Gefühls und die Hebung der Sittlichkeit bezwecken!"

2. Eine Zuschlagssteuer zu den Staatssteuern von Gewerbescheinen, wie sie den Landschaften zusteht (§ 98) mit der Einschränkung jedoch, dass dieselbe nur von denjenigen Gewerbescheinen erhoben wird, welche für innerhalb der städtischen Grenzen befindliche Unternehmungen gelöst wurden, sowie eine Steuer vom Gastwirthsgewerbe (трактирный промыслъ). Den Stadtkassen fliessen gewisse im Gesetz bestimmte Gebühren von Verträgen, Schuldverschreibungen u. s w. zu. Es ist der Stadtverwaltung ausserdem anheimgestellt, eine Steuer von Hunden, im Privatbesitz befindlichen Pferden und Wagen, vom Fuhr- und Transportgewerbe anzuordnen, endlich ist es ihr gestattet, um die Genehmigung zur Einführung einer Miethsteuer zu bitten, welche jedoch den Erlass eines besonderen Gesetzes voraussetzt.

Die Städte besitzen die Rechte juristischer Personen und in Rechtssachen die dem Fiskus zustehenden Privilegien.

§ 102. Die Aufsicht über die Stadtverwaltung. Diese ist dem Gouverneur nebst der Gouvernements-Behörde für l. und st. A. übertragen, in welcher, sofern es sich um städtische Angelegenheiten handelt, der Delegirte der Gouvernements-Landschafts-Versammlung durch einen solchen der Gouvernements-Stadtverordneten-Versammlung ersetzt wird. Die Kompetenzen dieser Aufsichtsbehörden sind den Städten gegenüber ganz die gleichen wie gegenüber den Landschaften und ist somit auf das im § 99 Gesagte zu verweisen.

§ 103. Die vereinfachte Stadtverwaltung (Упрощенное городовое общественное управленie). Da die allgemeine Städteordnung, bezw. deren Organisation in ganz kleinen städtischen Gemeinwesen wegen Mangels der nöthigen Voraussetzungen (Personen und Mittel) schwer durchführbar wäre, giebt es für eine Anzahl derselben noch eine vereinfachte Verwaltung. Auf welche Städtchen diese anzuwenden ist, wird nach Vorstellung des Ministers des Innern durch einen Allerhöchst bestätigten Beschluss des Minister-Komités bestimmt.

Wo diese Art der Verwaltung eingeführt wird, wählen die sämmtlichen Besitzer von Immobilien im Werthe von mindestens 100 Rbl. aus ihrer Mitte 12—15 Bevollmächtigte (уполномоченные), welche unter Vorsitz eines aus ihrer Wahl hervorgegangenen Aeltesten (Староста) die Stadtverwaltung bilden. Der Aelteste nebst einem oder zwei Gehülfen übt die Exekutive aus. Die Wahlperiode ist auch hier eine vierjährige.

§ 104. Das städtische Waisengericht (Городской Сиротскій Судъ). Die Kuratel- und Vormundschaftssachen der Kaufleute, Kleinbürger, Zünftigen, sowie der persönlichen Edelleute verwalten die städtischen Waisengerichte; diese bestehen aus einer von der Stadtverordneten-Versammlung zu bestimmenden Anzahl von Beisitzern und dem Stadthaupt als Vorsitzer. Die Beisitzer werden auf 3 Jahre von den Versammlungen des Kaufmanns-, Kleinbürger- und zünftigen Handwerksstandes gewählt Will das Stadthaupt den Vorsitz nicht übernehmen, so wird von der Stadtverordneten-Versammlung hierzu eine besondere, der Bestätigung des Gouverneurs unterliegende Person erwählt. In denjenigen Städten, wo die vereinfachte Städteordnung eingeführt ist, besteht das Waisengericht aus dem Aeltesten und zwei von der Stadtgemeinde ihm beigegebenen Beisitzern. Die Aufgaben und Befugnisse der städtischen Waisengerichte fallen im Allgemeinen mit denjenigen der adeligen Vormundschaftsbehörden (§ 92) zusammen, auch sind sie gleich diesen den Bezirksgerichten unterstellt.

Anhang I.

Eidesformular.

Ich, N. N., früherer Unterthan in N. N., gelobe und schwöre bei Gott dem Allmächtigen, dass ich dem Durchlauchtigsten, Grossmächtigsten, Grossen Herrn und Kaiser N N., dem Selbstherrscher aller Reussen etc. etc. und dem Erben des Thrones Sr. Majestat des Kaisers von Russland, Sr. Kaiserlichen Hoheit dem Thronfolger und Grossfürsten N. N. für ewig ein treuer, guter, gehorsamer Unterthan mit meiner Familie sein will, ohne Sr. Majestät Genehmigung und Befehl nicht ins Ausland reisen und nicht in fremdländische Dienste treten werde; gleichermassen werde ich den Feinden Sr. Kaiserlichen Majestät gegenüber keine schädliche Aufrichtigkeit üben (не имѣть вредительной откровенности), noch auch innerhalb oder ausserhalb Russlands verbotene Korrespondenz pflegen und in keiner Weise wider die Pflicht eines getreuen Unterthans Sr. Kaiserlichen Majestät handeln und alle gesetzlich verordneten oder noch zu verordnenden, der Macht und Gewalt Sr. Kaiserlichen Majestät Selbstherrschaft zugehörigen Rechte und Vorzüge nach meinem äussersten Verständniss, meiner Kraft und Möglichkeit schützen und vertheidigen, ohne dabei, falls es erforderlich sein sollte, meines Leibes zu schonen, zugleich will ich mich auf das Aeusserste bestreben, Alles das zu fördern, was dem treuen Dienst Sr. Kaiserlichen Majestät und dem Wohle des Staates in jedem Falle dienlich sein kann. Nachtheil, Schaden und Verlust, welche den Interessen Sr. Majestät drohen, werde ich nicht nur sobald ich hiervon Kenntniss erhalte, rechtzeitig anzeigen, sondern auch mit allen Mitteln abzuwenden und nicht zuzulassen bestrebt sein; sollte aber im Dienst oder zum Nutzen Sr. Majestät irgend eine geheime oder sonst eine Angelegenheit mir als Geheimniss zu wahren befohlen werden, so will ich sie als Geheimniss wahren und Keinem mittheilen, dem es zu wissen nicht gebührt und mitzutheilen nicht befohlen wird. Das muss und will ich treu halten, wozu mir Gott der Allmächtige geistig und leiblich helfe. Zum Schluss dieses meines Gelöbnisses küsse ich das Wort und Kreuz meines Erlösers. Amen. — (Diesen Eid kann Jeder in seiner Muttersprache oder in einer anderen ihm bekannten Sprache leisten. Von dem Küssen des Evangeliums und Kreuzes wird bei Bekenntnissen, welchen derartige äussere Gebräuche nicht eigen sind, abgesehen.)

Anhang II.

Das Gesetzbuch des Russischen Reichs (Сводъ Законовъ Россійской Имперіи) besteht aus 16 Bänden, deren einzelne Theile verschiedenen im Laufe von 40 Jahren stattgehabten Kodifikationen entstammen. Solcher Kodifikationen giebt es 11, von denen eine einzige vollständig ist, während die übrigen sich auf Herausgabe bestimmter Materien beschränkten. So befindet sich das gesammte Gesetzgebungsmaterial gegenwärtig in den folgenden Ausgaben:

9	Theile	in	der	Ausgabe	des	Jahres	1857,
3	„	„	„	„	„	„	1876,
2	„	„	„	„	„	„	1885,
2	„	„	„	„	„	„	1886,
2	„	„	„	„	„	„	1887,
6	„	„	„	„	„	„	1890,
31	„	„	„	„	„	„	1892,
21	„	„	„	„	„	„	1893,
4	„	„	„	„	„	„	1895,
5	„	„	„	„	„	„	1896,
1	„	„	„	„	„	„	1897.

Zu den ersten 8 Ausgaben (also bis 1893 inkl.) sind dann gegen 100 Fortsetzungen und zwar in den Jahren 1863, 1864, 1868, 1890, 1891, 1893 und 1895 erschienen. Daraus ergiebt sich die grosse Schwierigkeit des Zurechtfindens in dieser umfangreichen Gesetzesablagerung. Es ist daher als ein dankenswerthes Unternehmen zu bezeichnen, dass eine private

Ausgabe der 16 Bände erschienen ist,*) welche die Fortsetzungen, also die Abänderungen der einzelnen Artikel berücksichtigt und somit die ganze zur Zeit geltende Gesetzgebung darstellt. Zwar wird auch diese Arbeit durch neuere Fortsetzungen modifizirt werden, aber es bleibt doch das wichtige Ergebniss bestehen, dass man sich durch sie über den status des Jahres 1899 zu orientiren vermag und nicht mehr in jeder einzelnen Frage deren Entwickelung vom Jahre 1857 ab nachzuforschen benöthigt ist.

*) Der Titel jener privaten Arbeit lautet: „Сводъ Законовъ Россійской Имперіи“ (неоффиціальное изданіе) подъ редакціей А. Ф. Волкова и Ю Д. Филипова. С. Петербургъ. Изданіе Товарищества „Общественная Польза“ 1899

Kurze Inhaltsangabe der XVI Bände des Reichsgesetzbuches.

Band I. — Theil I.

Die Grundgesetze des Reichs.

Theil II

Organisation des Reichsraths.
„ „ Minister-Raths und Minister-Komités.
„ „ Komités der Sibirischen Eisenbahn.
„ „ Dirigirenden Senats.
„ der Ministerien
„ „ Kanzlei Sr. Kaiserlichen Majestät zur Entgegennahme auf den Allerhochsten Namen lautender Bittschriften.

Der Komité fur Civilbeamte und Belohnungen.

Die Institution für Orden und andere Ehrenzeichen

Band II. — Theil I.

Allgemeine Gouvernements-Einrichtung.

Gesetz uber die Gouvernements- und Kreis-Landschafts-Institutionen.

Stadteordnung.

Verwaltung der Gouvernements des Konigreichs Polen.
„ des Kaukasus.

Temporäres Gesetz uber die Verwaltung des Transkaspischen Gebiets.

Gesetz über die Verwaltung des Gebietes von Turkestan.
„ „ „ „ der Gebiete von Akmolinsk, Semipalatinsk, Semiretschensk, Ural und Turgaisk.

Organisation Sibiriens

Gesetz betreffend die fremden Volkerschaften

Theil II.

Organisation der Civilverwaltung der Kasaken

Band III.

Statut uber den Staatsdienst.

Statuten uber Pensionen und einmalige Unterstützungen.

Gesetz uber die besonderen Vorrechte der in entfernten Gebieten, in den Westgouvernements und im Konigreich Polen dienenden Civilbeamten.

Statuten der Emeritalkassen des Civilressorts

Band IV.

Wehrpflicht-Statut.

Statut uber die landschaftlichen Lasten.

Temporäre Regeln für die Landschafts-Institutionen, betreffend die landschaftlichen Lasten. (Besondere Beilage zu Band IV, Ausgabe des Jahres 1890.)

Band V.

Statut über die direkten Steuern.

Gesetz uber die Reichs-Wohnungs-Steuer

Statut uber die Gebuhren.

Statut uber die Acciseabgaben.

Band VI.

Zoll-Statuten und -Einrichtungen.

Allgemeiner Zolltarif für den Europaischen Handel

Konventions-Zolltarif.

Band VII.

Munz-Statut.

Bergbau-Statut.

Band VIII. — Theil I.

Forst-Statut.

Statut über die staatlichen Pachtstücke.

Statut über die Verwaltung der Staatsdomänen der westlichen Gouvernements und der Ostseeprovinzen.

Theil II

Statut über das Rechnungswesen.

Band IX.

Standesgesetze

Besondere Beilage zum Band IX

Band X. — Theil I.

Civilgesetze.

Bestimmungen über Lieferungsverträge mit dem Staat.

Theil II.

Gesetze uber das Vermessungswesen.

Band XI. — Theil I.

Statuten über die Angelegenheiten der ausländischen Bekenntnisse.

Statuten der Gelehrteninstitute und Lehranstalten des Ministeriums der Volksaufklärung.

Theil II.

Kredit-Statut.
Wechsel-Statut.
Handels-Statut.
Statut über das gerichtliche Verfahren in Handelssachen.
Konsular-Statut.
Gewerbe-Statut.

Band XII. — Theil I.

Wegebau-Statut.
Allgemeines Statut fur die russischen Eisenbahnen.
Gesetz uber die Zufuhrwege zu den Eisenbahnen.
Post-Statut.
Telegraphen-Statut.
Bau-Statut.
Gesetz über gegenseitige Feuerversicherung.

Theil II

Landwirthschafts-Statut.
Gesetz uber Anmiethung landwirthschaftlicher Arbeiter.
Gesetz über das Gastwirthsgewerbe.
Statut uber die Wohleinrichtungen in den Staatsdorfern.
Statut für die Kasakendorfer.
Statut für die Kolonien der Ausländer im Reich.

Band XIII.

Statut zur Sicherung der Volksverpflegung.
Statut uber die Allgemeine Fursorge.
Medizinal-Statut.

Band XIV.

Statut über Passe und Läuflinge.
Gesetz über Aufenthalts-Legitimationen.
Press- und Zensur-Statut.
Statut zur Vorbeugung und Verhinderung von Verbrechen.
Statut über das Gefängnisswesen.
Statut uber die Verschickten.

Band XV.

Gesetz über die Kriminal- und Korrektionsstrafen.

Statut der von den Friedensrichtern zu verhängenden Beahndungen.

Band XVI. — Theil I.

Gerichts-Institutionen.

Statut uber das Verfahren in bürgerlichen Rechtssachen.

Gesetz uber das Notariatswesen.

Statut uber das Verfahren in Strafsachen.

Regeln uber die Organisation der Gerichte und das gerichtliche Verfahren in den Gebieten, wo das Gesetz von den Landhauptleuten (Участковые Начальники) eingefuhrt ist.

Theil II.

Organisation der Gerichte alter Ordnung.

Gesetze uber das Verfahren in burgerlichen Rechtssachen.

Gesetz über das Vollstreckungsverfahren in burgerlichen Rechtssachen.

Gesetze uber das Verfahren in Strafsachen

Register.

(Die beigefügten Ziffern geben die Seiten an.)

F.

G.

H.

Herrosé & Ziemsen, Gräfenhainichen

FSC
www.fsc.org
MIX
Papier | Fördert
gute Waldnutzung
FSC® C083411

Kolibri 360 GmbH
Ferdinand-Jühlke-Straße 7
99095 Erfurt, Deutschland
produktsicherheit@kolibri360.de